D1703858

AFRIKA STUDIEN Nr. 116

Die Schriftenreihe „Afrika-Studien" wird herausgegeben
vom Ifo-Institut für Wirtschaftsforschung e. V. München

Gesamtredaktion:

Dr. habil. SIEGFRIED SCHÖNHERR
DR. ANTON GÄLL!
AXEL J. HALBACH

IFO–INSTITUT FÜR WIRTSCHAFTSFORSCHUNG MÜNCHEN
ABTEILUNG ENTWICKLUNGSLÄNDER

Afrika südlich der Sahara
Trotz Rohstoffreichtum in die Armut

von

H. HELMSCHROTT
E. v. PILGRIM
S. SCHÖNHERR

WELTFORUM VERLAG · MÜNCHEN · KÖLN · LONDON

CIP-Titelaufnahme der Deutschen Bibliothek
Helmschrott, H.:
Afrika südlich der Sahara: trotz Rohstoffreichtum in die Armut
/von H. Helmschrott; E. v. Pilgrim; S. Schönherr, IFO-Inst.
für Wirtschaftsforschung München, Abt. Entwicklungsländer.-
München; Köln; London: Weltforum Verl., 1990
(Afrika-Studien Nr. 116)
ISBN 3-8039-0382-3
NE: Pilgrim, E. v.:; Schönherr, S.:; GT

© 1990 by Weltforum Verlag GmbH, Marienburgerstr. 22, D-5000 Köln 51
Weltforum Verlag, London c/o Hurst & Co. (Publishers) Ltd.
1-2 Henrietta St., London WC2E8PS
Library of Congress Catalog Card Number
ISBN 3-8039-0382-3
Druck: Weihert-Druck GmbH, Darmstadt
Printed in Germany

Vorwort

Die wirtschaftlichen Entwicklungspotentiale eines Landes hängen unter anderem von seinen menschlichen und natürlichen Ressourcen ab. Die großen wirtschaftlichen Entwicklungskrisen, wie sie anfangs der 80er Jahre in Afrika südlich der Sahara manifest wurden, trafen Länder, die an natürlichen Ressourcen reich waren, offensichtlich mit der gleichen Stärke wie andere Länder.

Kann es sein, daß Länder, die über besonders wertvolle Ressourcen, wie Bodenschätze, reichlich verfügen und diese auch in großem Umfang nutzbar machen, unter bestimmten Bedingungen keine Entwicklungsvorteile gegenüber anderen Ländern besitzen? Die empirische Beobachtung legte diesen Verdacht nahe. Vermutlich – so die Ausgangshypothese, die zum Untersuchungsvorhaben führte – können von der Rohstoffexportpolitik unbeabsichtigte Nebenwirkungen auf die Binnenwirtschaft eines Landes ausgehen, die sich mittelfristig sehr negativ auf die Wirtschaftsentwicklung auswirken. Dieser Hypothese sollte durch systematische Untersuchungen nachgegangen werden.

Das Vorhaben wurde 1986 konzipiert und von der Deutschen Forschungsgemeinschaft (DFG) im Rahmen ihrer Schwerpunktförderung "Ökonomik der natürlichen Ressourcen" unterstützt. Ohne diese Hilfe wäre das Projekt nicht zu realisieren gewesen. Die Autoren bedanken sich dafür sowohl bei der Deutschen Forschungsgemeinschaft als auch beim Koordinator des Schwerpunktprogramms, Prof. Dr. Horst Siebert.

Die Autoren

Inhalt

- III -

Tabellenverzeichnis

- V -

Seite

Verzeichnis der Schaubilder

Einführung

Die Entwicklungskrise Afrikas südlich der Sahara ist offensichtlich kein vorübergehendes Problem. Seit nunmehr über einer Dekade sind fast alle Indikatoren wirtschaftlicher Entwicklung in der Mehrzahl der Länder abwärts gerichtet.

Das wirtschaftliche Wachstum verlangsamte sich erheblich, die Spar- und Investitionsquoten sanken ab, die Inflationsrate bewegte sich auf hohem Niveau und die Leistungsbilanz verschlechterte sich derart, daß selbst sehr wichtige (ausländische) Güter, wie Ersatzteile und Vorprodukte, nicht mehr im erforderlichen Umfang importiert werden können. Darüber hinaus haben weite Teile des Infrastrukturbereichs, so insbesondere der Verkehrssektor, wegen unzureichender Wartung und unterlassener Ersatzinvestitionen ganz erheblich an Leistungsfähigkeit eingebüßt und werden den Anforderungen des unmittelbar produktiven Sektors nicht mehr gerecht.

Zu dieser Krise haben Ursachen beigetragen, die wissenschaftlich zunächst unzureichend erfaßt wurden. Bis zu Beginn der 80er Jahre wandte sich das wissenschaftliche Interesse vornehmlich den externen Schocks zu, insbesondere den Wirkungen, die sich aus den rezessiven Weltmarktbedingungen für die Entwicklungsländer ergaben. Diese Untersuchungen zeigten, daß sich Länder mit mehr marktwirtschaftlich ausgerichteten Wirtschaftssystemen an externe Schocks erfolgreicher anpassen konnten, was dann die Aufmerksamkeit verstärkt auf die Ordnungs- und Wirtschaftspolitik lenkte, Faktoren, deren große Bedeutung für die Wirtschaftskrise in Afrika südlich der Sahara heute kaum mehr in Zweifel gezogen wird.

In der Literatur ist wiederholt und in in jüngerer Zeit verstärkt auch auf bestimmte sozio-kulturelle Faktoren hingewiesen, die für Afrika südlich der Sahara problemspezifische Bedeutung haben. Die überkommenen Traditionen seien dort, etwa im Vergleich zur fernöstlichen Region, dem wirtschaftlichen, sozialen und technischen Fortschritt noch besonders wenig angepaßt, zumal der kulturelle "Modernisierungsprozeß" auch erst sehr spät begonnen habe. Deshalb mußte die wirtschaftliche und soziale Entwicklung in Afrika südlich der Sahara schneller als anderswo auf kulturelle Hindernisse und Grenzen stoßen.

Schließlich werden für Afrika auch einige physische und historische Sonderfaktoren angeführt. Auf diesem Kontinent gibt es die meisten Länder ohne Zugang zum Meer, was hohe Transportkosten bedingt. Afrika ist über weite Teile auf Grund natürlicher Bedingungen, wie geringe Bodenfruchtbarkeit oder zu geringe bzw. erratische Niederschläge, dünn besiedelt. Letzteres bedeutet wiederum kleine Märkte und hohe Transportkosten. Als Sonderfaktor wird auch immer wieder die Kolonialpolitik genannt, die einseitige und auf die Kolonialmächte ausgerichtete Wirtschaftsstrukturen – insbesondere die sogenannten "Rohstoffenklaven" – hinterlassen haben.

Ein anderes Phänomen wurde jedoch bisher noch wenig systematisch einer Analyse unterzogen. Es handelt sich um die Beobachtung, daß fast alle an mineralischen Rohstoffen reichen Länder in Afrika sich in auffälligen und lang anhaltenden wirtschaftlichen Schwierigkeiten befinden.

Ein nicht unerheblicher Teil der Länder Afrikas südlich der Sahara besitzt reiche Vorkommen an metallischen Rohstoffen und fossilen Energieträgern (Erdöl). Obschon eine reiche Ausstattung mit mineralischen Rohstoffen grundsätzlich eine

günstige Voraussetzung für rasches und dauerhaftes wirt-
schaftliches Wachstum darstellt, zeigt die Beobachtung
jedoch folgenden Trend: Während einer ersten Phase stimu-
lieren Rohstoffexporte das Wachstum der Wirtschaft. Nach
einer gewissen Zeit und meist ausgelöst durch temporäre
Exporterlöseinbußen (oder auch schon durch Stagnation der
Rohstoffpreise) kommt es nicht etwa zu bloßen Trendschwan-
kungen der wirtschaftlichen Entwicklung (in Abhängigkeit
von den Exporterlösschwankungen), sondern es entsteht ein
Prozeß langanhaltender wirtschaftlicher Stagnation und
Abwärtsentwicklung der Pro-Kopf-Einkommen. Dafür finden
sich zunächst keine ausreichenden Erkärungen. In der vorliegenden Studie wird versucht, einen Beitrag zur Erklärung
dieses Phänomens zu leisten.

Die Studie ist in drei Teile gegliedert: Im ersten Teil
(Kapitel 1) werden Hypothesen über den Zusammenhang von
Rohstoffreichtum und langfristigen Wirtschaftsproblemen
empirisch abgeleitet, die im Hauptteil (Kapitel 2 - 6)
systematisch geprüft und modifiziert werden. Der abschlie-
ßende dritte Teil (Kapitel 7) befaßt sich mit entwicklungspolitischen Konsequenzen, die aus den erzielten Ergebnissen
gezogen werden können.

1. Mineralischer Rohstoffreichtum und Wirtschaftsentwicklung in Afrika südlich der Sahara - Hypothesen über den
   Zusammenhang zwischen Rohstoffexport und binnenwirt-
   schaftlichen Krisen

1.1 Die wirtschaftliche Entwicklung der an mineralischen
   Rohstoffen reichen Länder Afrikas

Im folgenden wird ein Wachstumsvergleich zwischen Ländern
mit bedeutenden Exporten mineralischer Rohstoffe und anderen Ländergruppierungen angestellt. Als Indikator zur Mes-
sung der "Bedeutung" von Rohstoffexporten für die wirtschaftliche Entwicklung eines Landes wird zunächst die
Exportquote, d.h. das Verhältnis von Export zum BIP verwendet. Dieser Indikator weist für bestimmte Länder jedoch
Schwächen auf. So erreichte Botswana z.B. mit einem Roh-
stoff-Exportwert (aller Rohstoffe) von 15 Mill. US-$ 1966
eine Exportquote von 30 %, das Land Zaire dagegen mit 442
Mill. US-$ nur 13 %. Trotz dieser relativ niedrigen Export-
quote ist die große Bedeutung der Rohstoffexporte für die
Wirtschaft Zaires unbestritten. Es wird deshalb angenommen,
daß auch die absolute Höhe des Exportwertes eine von der
Exportquote unabhängige Bedeutung besitzt. Es ist schwierig, diesen Bedeutungsfaktor zu operationalisieren. In der
Analyse soll deshalb auch mit diesem Faktor vorsichtig
umgegangen werden: Für je 100 Mill. US-$ Exportwert wird
zur Exportquote von 1966 (Stichjahr für Ländervergleich
1965 - 80) ein Punkt addiert. Um dem Realwertverlust des
US-$ 1985 (Stichjahr für Ländervergleich 1980 - 86) gegen-
über 1966 Rechnung zu tragen, werden 1985 für je 400 Mill.
US-$ Exportwert ein Punkt addiert. Im obigen Falle erhält
Zaire dann 4 zusätzliche Punkte, und der Indikator für die
Exportbedeutung erhöht sich dementsprechend auf 17. Der so
gewonnene Punktwert unterscheidet sich allerdings nur bei

wenigen Ländern Afrikas südlich der Sahara signifikant von der Exportquote.[1]

Grundsätzlich wurden alle Entwicklungsländer in dieser Region mit einer Bevölkerung von mehr als 1 Mill. Einwohner (1985) in die Analyse einbezogen; mangelnder Daten wegen konnten jedoch einige, darunter auch das Rohölförderland Angola, nicht berücksichtigt werden.

Die verbleibenden 30 Länder wurden für die Zeitperioden 1965 - 80 und 1980 - 86 untersucht. Diese Periodenteilung ist nicht nur wegen der um 1980 sich vollziehenden weltwirtschaftlichen Veränderungen sinnvoll. Sie liegt auch darin begründet, daß sich die Situation bezüglich des Rohstoffreichtums in einigen Ländern während des Gesamtzeitraumes drastisch verändert hat.

Zur Klassifikation der Länder nach dem Kriterium des Rohstoffreichtums mußte deshalb für die jeweilige Zeitperiode auch ein eigenes Stichjahr gewählt werden: 1966 für die Zeit von 1965 bis 1980 und 1985 für die Periode von 1980 bis 1986. (Vgl. Tabelle 1.1).

Unter 30 beobachteten Ländern in Afrika südlich der Sahara weisen 1966 fünf Länder bedeutende Exporte mineralischer Rohstoffe auf (Exportpunktwert höher als 15). Es handelt sich um die Bergbauländer Sambia, Liberia, Gabun, Mauretanien und Simbabwe. Zwei weitere Länder, die Zentralafrikanische Republik und Zaire, liegen nur knapp unter 15.

1985 sind es 10 Länder mit bedeutenden mineralischen Rohstoffexporten. Die Erhöhung ist vor allem durch die in den 70er Jahren einsetzende massive Rohölförderung (neue Länder: Kongo, Nigeria, Kamerun, Zaire) sowie den Diamanten- (Botswana) und Uranbergbau (Niger) bedingt.

---

1) Der so gewonnene Indikator dient ausschließlich zur Klassifikation der Länder (Rangskala). Für Berechnungen wird er nicht verwendet.

Simbabwe ist das einzige Land unter den bedeutenden Rohstoffexporteuren von 1966, das 1985 als mineralischer Rohstoffexporteur nur mehr wenig Bedeutung hat. Es verarbeitet seine Rohstoffe mittlerweile weitgehend selbst.

Tabelle 1.1: Bedeutung mineralischer Rohstoffexporte[a], Afrika südlich der Sahara, 1966 und 1985, Länder in Rangordnung

	1966			1985	
Rang	Länder	Bedeutung (Punktw.)	Rang	Länder	Bedeutung (Punktw.)
1	Sambia	61	1	Botswana	67
2	Liberia	36	2	Kongo P. R.	48
3	Gabun	26	3	Nigeria	47
4	Mauretanien	26	4	Sambia	35
5	Simbabwe	18	5	Liberia	30
6	Zentralafr.Rep.	14	6	Gabun	29
7	Zaire	14	7	Zaire	27
8	Nigeria	10	8	Mauretanien	26
9	Togo	8	9	Kamerun	24
10	Sierra Leone	4	10	Niger	17
11	Ruanda	4	11	Togo	13
12	Kenia	3	12	Zentralafr.Rep.	7
13	Kamerun	3	13	Ghana	4
14	Uganda	2	14	Simbabwe	3
15	Ghana	2	15	Senegal	3
16	Elfenbeinküste	1	16	Sierra Leone	2
17	Madagaskar	1	17	Madagaskar	1
18	Senegal	1	18	Ruanda	1
19 - 30	weniger als (oder keine Angaben)	1	19 - 30	weniger als (oder keine Angaben)	1

a) Anteil des Exports mineralischer Rohstoffe am BIP (Exportquote) erhöht um 1 Punkt für 1966 je 100 Mill. US-$ Exportwert, für 1985 je 400 Mill. US-$ Exportwert

Quelle: für metallische Rohstoffe: UNCTAD, Commodity Yearbook 1987; für fossile Brenstoffe: Internat. Financial Statistics Yearbook 1987.

Beurteilt nach der Bedeutung des Exports mineralischer Rohstoffe, ist also eine zunehmende Zahl von Ländern in Afrika südlich der Sahara als "rohstoffreich", teilweise

sogar als sehr "rohstoffreich" einzustufen. Dieser "Vorteil", so ist allgemein erwartet worden, begünstige nachhaltig die wirtschaftliche Entwicklung und ermögliche rasches und dauerhaftes Wachstum. Begründet wurde dies im
wesentlichen mit folgenden Argumenten:

- Je nach Größe und Qualität der Lagerstätte enthalten
  Vorkommen von mineralischen Rohstoffe hohe (potentielle)
  Renten. Mit ihrem Abbau und Export können folglich Ein-
  kommen und Deviseneinnahmen eines Landes beträchtlich
  gesteigert werden. Erhöhte Exporterlöse verbessern die
  Importkapazität, erlauben vermehrte Einfuhren von Inve-
  stitionsgütern und tragen somit auch mittelbar zu einer
  Beschleunigung des Einkommenswachstums bei.

- Mineralische Rohstoffe werden an internationalen Börsen
  gehandelt, so daß sie, im Vergleich zu Industrieerzeug-
  nissen, auf einfache Weise auf dem Weltmarkt abgesetzt
  werden können. Auch sind sie als standardisierte Güter
  weniger einem Qualitätswettbewerb ausgesetzt und müssen
  nicht ständig technologisch weiterentwickelt werden.

- Für Erschließung, Abbau und Export mineralischer Rohstoffe sind vielfach nur relativ geringe Eigenleistungen des
  Entwicklungslandes erforderlich. Denn multinationale
  Bergbaugesellschaften aus Industrieländern sind zur Si-
  cherung ihrer Rohstoffbasis vielfach bereit, im Rahmen
  von Kooperationsverträgen einen sehr großen Teil der
  erforderlichen Mittel zur Verfügung zu stellen: Kapital
  und technisches Know-how für Prospektierung und Ausbeutung von Vorkommen sowie weltweite Vertriebssysteme und
  eingehende Marktkenntnisse für den Export.

- Dank ihrer Nähe zum Rohstoff bieten die Förderländer
  zumindest in einigen Rohstoffbereichen gute Standortbe-

- 8 -

dingungen für nachgelagerte Verarbeitungsstufen. Somit
begünstigt der Besitz von mineralischen Rohstoffen teilweise auch den Aufbau verarbeitender Industrien (down
stream investment).

Im folgenden Vergleich zwischen Ländern mit bedeutenden
Exporten mineralischer Rohstoffe und anderen Ländern soll
geprüft werden, ob die rohstoffreichen Länder tatsächlich
einen Wachstumsvorsprung erzielen konnten.

Die Prüfung wird für jeweils beide Zeiträume - 1965 bis 80
und 1980 bis 86 - durchgeführt. Vier Fragen werden dazu
gestellt.

<u>Frage:</u> Unterscheiden sich die bedeutenden mineralischen
Rohstoffexporteure bezüglich ihrer Wachstumsraten von den
übrigen Ländern? Zu erwarten war ein deutlicher Wachstums-
vorteil für die bedeutenden Exportländer mineralischer
Rohstoffe.

Tabelle 1.2: Durchschnittliches reales Wachstum des BIP der
bedeutenden mineralischen Rohstoffexporteure
im Vergleich zu den übrigen Ländern, Afrika
südlich der Sahara, 1965 - 80 und 1980 - 86
(in % p.a.)

Ländergruppen	1965 - 80	1980 - 86
mit bedeutenden mineralischen Rohstoffexporten[a]	4,2	2,2
übrige[b]	4,0	1,7

a) 1965 - 80: Sambia, Liberia, Mauretanien, Gabun,
Simbabwe
1980 - 86: Botswana, Kongo, Nigeria, Sambia, Liberia,
Gabun, Zaire, Mauretanien, Kamerun, Niger
b) ohne Berücksichtigung folgender Grenzfälle:
1965 - 80: Zentralafrikanische Republik, Zaire,
Nigeria, Togo
1980 - 86: Togo

Quelle: World Bank, World Development Report, 1988, eigene
Berechnungen (s. a. Tabelle 1.5).

Ergebnis: In der Periode zwischen 1965 und 1980 weisen die
Länder mit bedeutenden mineralischen Rohstoffexporten keine
deutlich höheren Wachstumsraten auf. Zwischen 1980 und 1986
liegen sie geringfügig (0,5 %) höher. Während dieses Zeit-
raumes fallen die beiden neuen mineralischen Rohstoffexporteure mit hohen Wachstumsraten - Botswana und Kamerun -
besonders ins Gewicht. (Vgl. Tabelle 1.2).

Frage: Unterscheiden sich die bedeutenden mineralischen
Rohstoffexporteure bezüglich ihrer Wachstumsraten von den
bedeutenden Exporteuren anderer Produkte oder den Ländern
ohne bedeutsame Exporte?

Tabelle 1.3: Durchschnittliches reales Wachstum des BIP
mineralischer Rohstoffexporteure im Vergleich
zu Exporteuren anderer Produkte und Ländern
ohne bedeutsame Exporte, Afrika südlich der
Sahara, 1965 - 80 und 1980 - 86 (in % p.a.)

Ländergruppen	1965 - 80	1980 - 86
mit bedeutenden mineralischen Rohstoffexporten	4,2	2,2
mit bedeutenden anderen Exporten[a]	4,8	2,3
ohne bedeutende Exporte[b]	3,1	1,6

a) 1965 - 80: Elfenbeinküste, Botswana, Tansania, Kenia,
Sierra Leone, Uganda, Senegal, Kamerun,
Malawi, Ghana, Sudan
   1980 - 86: Elfenbeinküste, Malawi, Simbabwe, Kenia,
Senegal, Zentralafrikanische Republik,
Benin
b) 1965 - 80: Rudanda, Äthiopien, Burkina Faso, Burundi,
Mali, Niger, Benin (ohne Grenzfälle:
Somalia, Madagaskar)
   1980 - 86: Sierra Leone, Burundi, Uganda, Äthiopien,
Burkina Faso, Sudan, Tansania, Ruanda,
Somalia (ohne Grenzfälle: Mali, Ghana,
Madagaskar)

Quelle: World Bank, World Development Report, 1988, eigene
Berechnungen (s. a. Tabelle 1.6).

Bei dieser Frage interessiert, ob die Exporteure mineralischer Rohstoffe aufgrund der oben genannten möglichen Vorteile vielleicht gegenüber den Ländern höhere BIP-Wachs-
tumsraten aufweisen, die nicht mineralische Rohstoffe in
bedeutsamen Umfang exportieren.

Es könnte sich aber auch ein anderer, immer wieder geäußer-
ter Verdacht bestätigen, nämlich, daß die Weltmarktabhängigkeit und die internationale Wirtschaftsordnung generell
nachteilig für die exportierenden Entwicklungsländer sind.

Ergebnis: Unter den Ländern mit bedeutsamen Exporten zeigen
die Exporteure nichtmineralischer Rohstoffe zwischen 1965
und 1980 eher höhere Wachstumsraten als die mineralischen
Rohstoffexporteure. Zwischen 1980 und 1986 ergaben sich
kaum zignifikantere Unterschiede. Die Wachstumsraten der
Länder ohne bedeutende Exporte liegen jedoch in der ersten
Periode sehr deutlich niedriger. Auch im zweiten Untersuchungszeitraum sind die Wachstumserfolge der Exporteure
höher. Geringe Weltmarktabhängigkeit hat sich also entgegen
des Verdachtes auch in Afrika nachteilig ausgewirkt. (Vgl.
Tabelle 1.3).

Frage: Unterscheiden sich die bedeutenden mineralischen
Rohstoffexporteure bezüglich ihrer Wachstumsraten nach
ihren Rohstoffexportprodukten?

Unterschiede könnten sich diesbezüglich vor allem zwischen
Ölförderländern einschließlich Diamantproduzenten gegenüber
den Metallexporteuren ergeben.

Der Grund dafür könnte in den starken Marktregelungen durch
Produzenten bzw. Vertriebsstellen für Öl und Diamanten

liegen, durch die sich eventuell besonders hohe Renten
realisieren lassen.

Tabelle 1.4: Durchschnittliches reales Wachstum des BIP der
bedeutenden Exporteure von metallischen Rohstoffen im Vergleich zu bedeutenden Rohöl- und
Diamantförderländern, Afrika südlich der
Sahara, 1965 - 80 und 1980 - 86 (in % p.a.)

Ländergruppen	1965 - 80	1980 - 86
mit bedeutenden metallischen Rohstoffexporten[a)	4,2	-0,4
mit bedeutenden Rohöl-/Edel- steinexporten[b)	.	4,7

a) 1965 - 80: Sambia, Liberia, Mauretanien, Gabun, Simbabwe
   1980 - 86: Sambia, Liberia, Mauretanien, Zaire, Niger
b) 1965 - 80: für das Stichjahr 1966 sind keine bedeut- samen Öl-/Edelsteinexporteure ausgewiesen
   1980 - 86: Botswana, Kongo, Nigeria, Gabun, Kamerun

Quelle: World Bank, World Development Report, 1988, eigene
Berechnung.

Ergebnis: Für die erste Phase 1965 - 80 läßt sich kein
Vergleich zwischen den Ländergruppen anstellen, da zum
Stichjahr (1966) keine bedeutsamen Öl- und Diamantenexpor-
teure ausgewiesen werden. Die Wachstumsunterschiede zwischen Exporteuren metallischer Rohstoffe und den Rohöl-/-
Diamantenexportländern sind aber in der Zeit zwischen 1980
und 86 erstaunlich groß (vgl. Tabelle 1.4). Die Wachstumsraten der ersten Ländergruppe liegen im Minusbereich, die
der zweiten Gruppe überdurchschnittlich hoch (der Durchschnitt der 30 untersuchten Länder in der Subsahararegion
liegt bei 1,7). Auch ist der Wachstumsrückgang der Exportländer metallischer Rohstoffe zwischen 1965-80 und 1980-86
auffallend stark. Dies führt zu einer letzten Vermutung.

Frage: Sind Wachstumsunterschiede bei den Exporteuren mineralischer Rohstoffe von der zeitlichen Dauer der Exporte
abhängig?

Je länger ein Land die unmittelbaren "Vorteile" des mineralischen Rohstoffexports wahrnehmen kann, desto stärker
könnten sich nachteilige Rückwirkungen auf die Struktur der
Binnenwirtschaft vollziehen. Diese nachteiligen binnenwirt-
schaftlichen Strukturen, so der Verdacht, könnten schließlich die Exportvorteile aufheben oder sogar dekompensie-
ren.

Für den Untersuchungszeitraum 1965 – 86 läßt sich diese
Frage nur bei sehr wenigen Ländern untersuchen, weil sich
die Exportgüterstruktur vieler Länder im Zeitablauf teilweise stark verändert hat (vgl. Tabelle 1.5, Anlage 1).

Von den "alten" Metallexporteuren (1966) haben nur Sambia
und Liberia ihre Exportstruktur (1985) beibehalten. In den
beiden Zeiträumen 1965 – 80 und 1980 – 86 fielen in diesen
Ländern die Wachstumsraten vom bereits unterdurchschnittli-
chen Niveau von 1,8 (Sambia) und 3,3 (Liberia) auf -0,1
bzw. -1,3.

Mauretanien, ein weiterer "alter" Metallexporteur, konnte
in den 70er Jahren durch Fischexport den Außenhandel diversifizieren. Auch Simbabwe wurde während derselben Periode
vom bedeutsamen metallischen Rohstoffexporteur zu einem
Land mit der am stärksten diversifizierten Verarbeitungsin-
dustrie in Afrika südlich der Sahara und schließlich hat
auch Zaire durch Ölförderung den Rohstoffexport diversifiziert. Alle drei Länder scheiden deshalb für die Beantwor-
tung der Frage zunächst aus.

Unter den bedeutenden Ölexporteuren zeigen auch die relativ
frühen Produzenten Nigeria und Gabun starke Wachstumseinbrüche in der Periode 1980 - 86 (von 8,6 auf -3,2 Nigeria
und von 9,5 auf 1,5 Gabun). Dagegen konnte das sehr spät in
den Kreis der Rohölexporteure aufsteigende Kamerun seine
Wachstumsraten 1980 - 86 gegenüber 1965 - 80 von 5,1 auf
8,2 % sogar deutlich erhöhen. Die ebenfalls erst später
einsetzende großangelegte Diamantenförderung in Botswana
geht einher mit wenig rückläufigen, extrem hohen Wachstumsraten (1965 - 80 14,3 %, 1980 - 86 11,9 %). Jüngste Daten
über die 1980 - 86 noch erfolgreichen Ölproduzenten zeigen
jedoch ausnahmslos auch für diese Ländergruppe schwere
Wachstumseinbrüche.

Unter den bedeutsamen Exporteuren mineralischer Rohstoffe
verbleibt nach gegenwärtigem Informationsstand Botswana als
einziges Land in Afrika südlich der Sahara auf hohem Wachs-
tumsniveau.

Ergebnis: In Afrika südlich der Sahara hat mineralischer
Rohstoffreichtum generell nach anfänglichen Wachstumserfol-
gen später dann in krisenhafte Entwicklungsprozesse geführt. Obwohl weltwirtschaftliche Bedingungen diese Prozesse beeinflußt haben mögen, werden auch unabhängig davon,
"autonome" Krisenfaktoren offenkundig.

Obige Ergebnisse deuten darauf hin, daß es durchaus nicht
selbstverständlich ist, Reichtum an mineralischen Rohstoffen mit überdurchschnittlich raschem wirtschaftlichen
Wachstum gleichzusetzen. Sie lassen sogar vermuten, daß
Rohstoffreichtum auch wachstumshemmend sein kann. Im nächsten Abschnitt werden fünf Untersuchungshypothesen aufgestellt, die eine vorläufige, plausible Begründung für die
geringe Wachstumsleistung der rohstoffreichen Länder lie-
fern und die später auf ihren Erklärungswert hin genauer
untersucht werden.

1.2 Hypothesen zur Wachstumsschwäche rohstoffreicher Länder

1.2.1 Weltmarktabhängigkeit

Die sich beschleunigende Verknappung von Rohstoffen, wie vom Club of Rome in "Grenzen des Wachstums" vorhergesagt (vgl. Meadows u.a., 1972), ist bisher (auf mittlere Sicht) nicht eingetreten. In krassem Gegensatz dazu sind seit Mitte der 70er Jahre die Weltmarktpreise für eine Vielzahl von Rohstoffen (real) erheblich gesunken, und in den 80er Jahren hat dieser Trend auch den internationalen Rohölmarkt erfaßt. Verständlicherweise ist von dieser Entwicklung das wirtschaftliche Wachstum der Rohstoffe exportierenden Entwicklungsländer erheblich gehemmt worden.

Auf die schwarzafrikanischen Förderländer könnte sich dies besonders nachteilig ausgewirkt haben. Denn zum einen sind sie in überdurchschnittlich hohem Maße vom Export mineralischer Rohstoffe abhängig, und zum anderen könnten in ihrem Rohstoffmix solche Rohstoffarten dominieren, deren Preise besonders stark zurückgegangen sind.

Die große Abhängigkeit der Entwicklungsländer von den internationalen Rohstoffmärkten und insbesondere die von ihnen erhobene Forderung nach einer Neuen Weltwirtschaftsordnung sind in der Literatur (auch hinsichtlich mineralischer Rohstoffe) eingehend analysiert worden. In diesem Zusammenhang sei auf die Strategiepapiere der UNCTAD, Wien, sowie einschlägigen Abhandlungen verwiesen (vgl. z.B. Baron u.a., 1977; Glaubitt, 1983; Kebschull u.a., 1976, 1977a und 1977b).

Im Mittelpunkt der These von der Weltmarktabhängigkeit steht die Entwicklung der internationalen Rohstoffmärkte und die mangelnde Fähigkeit der exportierenden Länder darauf adäquat reagieren zu können. Neben einer detaillierten Weltmarktanalyse geht es in der vorliegenden Studie auch darum, die Folgen für die afrikanischen Exportländer aufzuzeigen.

1.2.2 Einseitigkeit der Wirtschaftsstruktur

Die Auswirkungen schwankender Rohstoffpreise auf eine Volkswirtschaft hängen in hohem Maße von ihrer Wirtschaftsstruktur, im besonderen ihrer Exportstruktur ab. Für die Rohstoffländer in Afrika südlich der Sahara ist typisch, daß die Exportstrukturen sehr einseitig auf die Ausfuhr von Rohstoffen ausgerichtet sind. Deshalb waren die Folgen, die sich aus der Schwäche der Rohstoffmärkte ergaben, für diese Ländergruppe besonders schwerwiegend.

Die unausgewogenen, von der Rohstoffausfuhr dominierten Exportstrukturen, häufig als Erbe kolonialer Vergangenheit verstanden, sind von den Vertretern der Dependenztheorie, wie Amin (1971) oder Cowie (1979), mit dem internationalen kapitalistischen System und dem Entstehen struktureller Heterogenität in peripheren Zonen erklärt worden. Der Hinweis auf die koloniale Vergangenheit wie auch die These von der strukturellen Heterogenität sind als Erklärungsansätze jedoch recht fragwürdig. Denn die Rohstoffländer Afrikas südlich der Sahara blicken inzwischen auf eine längere Phase der Unabhängigkeit zurück und haben sich auch einen starken staatlichen Einfluß auf den Bergbausektor und auf die Wirtschaft überhaupt gesichert; trotzdem sind die Wirtschaftsstrukturen äußerst unausgewogen geblieben.

Daß keine oder keine nennenswerte Diversifizierung der Exportstruktur eingetreten ist, dürfte zu einem nicht unwesentlichen Teil auf die Wirtschaftspolitik der Rohstoffländer zurückzuführen sein. Infolge einer unflexiblen Haushalts- und Währungspolitik haben die schwankenden und während der letzten Jahre stark rückläufigen Rohstoffpreise zu wachsenden Haushaltsdefiziten, hohen Inflationsraten und stark überbewerteten Währungen geführt. Die relativen Preise und die internationale Wettbewerbsfähigkeit verschoben sich in der Weise, daß der Export nicht-mineralischer Erzeugnisse, wie landwirtschaftlicher oder industrieller Güter, diskriminiert und die Diversifizierung der Exportstruktur erheblich behindert worden ist.

1.2.3 Geringe Erfolge bei der Rohstoffweiterverarbeitung

Vielfach ist den Entwicklungsländern empfohlen worden, die von ihnen gewonnenen mineralischen Rohstoffe (zumindest einen Teil der Fördermenge) weiterzuverarbeiten und in dieser höher veredelten Form (auf indirekte Weise) zu exportieren: metallische Rohstoffe als Rohmetall, Metallhalbzeug oder Metallwaren; Rohöl als Raffinerie- und petrochemische Erzeugnisse. Dadurch könnte, so wurde betont, die im Förderland entstehende Wertschöpfung beträchtlich erhöht und das wirtschaftliche Wachstum stimuliert werden.

Wie aus den nationalen Entwicklungsplänen hervorgeht, ist diese Strategie des down stream investment von den Rohstoffländern Afrikas südlich der Sahara aufgegriffen und ernsthaft verfolgt worden. Sie hat jedoch die in sie gesetzten Erwartungen nicht erfüllt und teilweise zu erheblichen Fehlschlägen geführt. Die Nähe zum Rohstoff ist zwar, für sich betrachtet, ein Standortvorteil, aber dem stehen - abhängig von der Weiterverarbeitungstiefe, von der Aufnahmefähigkeit des Binnenmarktes, der Art des Rohstoffs etc. - beträchtliche Nachteile gegenüber, die per Saldo eine Weiterverarbeitung mineralischer Rohstoffe im Förderland unrentabel machen können.

Die Existenz weiterverarbeitender Betriebe ist nicht in allen Fällen ein sicherer Beleg für die Wirtschaftlichkeit dieses Bereichs. Denn neuere Untersuchungen deuten darauf hin, daß sie zum Teil von der vorgelagerten Förderstufe, mit der sie gewöhnlich im Rahmen eines staatlichen Unternehmens vereinigt sind, aus den dort anfallenden Renten subventioniert und langfristig am Leben erhalten werden.

1.2.4 "Verschwendung" von Rohstoffeinnahmen

Der Export mineralischer Rohstoffe stellt für die rohstoffreichen Länder Afrikas südlich der Sahara nicht nur eine bedeutende Devisenquelle dar, sondern ist durch den wachsenden Einfluß des Staates auf den Bergbausektor (bis hin zur völligen Kontrolle) auch zu einer sehr wichtigen öffentlichen Einnahmequelle geworden. Dies hat die betreffenden Regierungen vielfach zu unwirtschaftlichen Projekten und unangemessen hohem Staatskonsum verleitet: zu Prestigeprojekten, zu einer Aufblähung des Staatsapparates, hohen Militärausgaben, weit überdimensionierten Infrastrukturprojekten etc. Durch die unwirtschaftliche Verwendung von Ressourcen ist in den Bergbau- und Erdölländern Afrikas südlich der Sahara ein beträchtlicher Teil des Wachstumspotentials nicht genutzt worden.

Diese Hypothese geht von folgenden Vorstellungen aus: Dank eines raschen Anstiegs der Rohstoffpreise in der Haussephase nehmen die öffentlichen Einnahmen und die Exporterlöse beträchtlich zu. Gleichzeitig verbessern sich die Erwartungen über den künftigen Preisverlauf: Es wird damit gerechnet, daß das hohe Preisniveau erhalten bleibt oder noch weiter ansteigt. In dieser Situation gewinnen bei der Ressourcenverwendung, insbesondere bei der staatlichen Ausgabenpolitik, außerökonomische Gesichtspunkte, wie politische Opportunität, staatliche Machtentfaltung etc., zu-

nehmend an Gewicht, oder, anders ausgedrückt, die Kriterien
der Wirtschaftlichkeit und Rentabilität treten stärker in
den Hintergrund.

Aber selbst bei Wahrung des wirtschaftlichen Prinzips ist
eine "Verschwendung" oder Fehlallokation von Ressourcen in
größerem Ausmaß nicht auszuschließen, sofern die künftige
Entwicklung auf den internationalen Rohstoffmärkten zu
optimistisch beurteilt wird. Preise und Verbrauch auf den
Märkten für mineralische Rohstoffe sind wiederholt und
teilweise sogar beträchtlich überschätzt worden. Aufgrund
solcher Fehlprognosen ist ein Übermaß an Ressourcen in den
Infrastrukturbereich gelenkt und dem unmittelbar produktiven Sektor vorenthalten worden. Mit der Schaffung von Überkapazitäten im Infrastrukturbereich dürfte ein nicht unerheblicher Teil des Wachstumspotentials "vergeudet" worden
sein.

1.2.5 Nachteilige institutionelle und rechtliche Rahmenbe-
dingungen der Rohstoffnutzung

Der Bergbau- und Erdölsektor in den Entwicklungsländern war
lange Zeit eine Domäne multinationaler Gesellschaften aus
Industrieländern. Nach dem Eintritt in die Unabhängigkeit
hat eine Vielzahl von Entwicklungsländern durch Verstaatlichungen oder ähnliche Maßnahmen den Einfluß multinationaler Gesellschaften mehr und mehr zurückgedrängt und
eigene staatliche Bergbau- und Ölgesellschaften errichtet.
In Afrika südlich der Sahara, wo sich dieser Prozeß in den
60er und 70er Jahren vollzog, war der staatliche Interventionismus besonders stark.

Mit diesen Eingriffen haben sich die Förderländer in Afrika
südlich der Sahara einen wesentlich größeren Anteil an den
im Rohstoffsektor erzielten Renten gesichert. Aber auf der

anderen Seite hat der staatliche Interventionismus auch
erhebliche Nachteile für die Erhaltung und insbesondere den
Ausbau des Rohstoffsektors in diesen Ländern nach sich
gezogen. Infolge des beschränkten Handlungsspielraums und
des erhöhten politischen Risikos haben die multinationalen
Gesellschaften ihre Aktivitäten verstärkt in "sichere"
Regionen, in Länder außerhalb Afrikas südlich der Sahara,
umgelenkt. Der Zustrom an Sach- und Humankapital nahm erheblich ab, und die Förderländer Afrikas südlich der Sahara
waren nicht in der Lage, dieses Defizit auch nur annähernd
auszugleichen. Dadurch wurde das Wachstum des Rohstoffsektors erheblich behindert, zumal er durch die Erschließung
neuer Vorkommen in "sicheren" Regionen auch einem verschärften Wettbewerb auf den internationalen Rohstoffmärkten ausgesetzt war.

Fazit: In der vorliegenden Studie wird von der Annahme
ausgegangen, daß die Wachstumsschwäche der an mineralischen
Rohstoffen reichen Länder in Afrika südlich der Sahara
nicht nur mit exogenen Faktoren (Entwicklung der internationalen Rohstoffmärkte), sondern daneben auch mit endo-
genen (wirtschaftspolitischen und ordnungspolitischen)
Faktoren zu erklären ist: mit dem erfolglosen Versuch, die
Wirtschafts- und insbesondere die Exportstruktur stärker zu
diversifizieren und mineralische Rohstoffe in größerem
Ausmaß als bisher im Inland weiterzuverarbeiten, mit "Verschwendung" (Fehlallokation) von Ressourcen und mit weit-
reichendem staatlichen Interventionismus im Bergbausektor,
der ungünstige Rahmenbedingungen entstehen ließ.

- 20 -

Anlage 1

Tabelle 1.5: Reales Wachstum des BIP, Afrika südlich der
Sahara, 1965 - 80 und 1980 - 86 (in % p.a.)

1965 - 80		1980 - 86	
Land[a)]	Wachstums- rate des BIP	Land[a)]	Wachstums- rate des BIP
Botswana	14,3	Botswana	11,9
Gabun	9,5	Kamerun	8,2
Nigeria	8,6	Kongo	5,1
Elfenbeinküste	6,8	Somalia	4,9
Kenia	6,4	Benin	3,6
Malawi	6,1	Kenia	3,4
Kongo	5,9	Senegal	3,2
Kamerun	5,1	Simbabwe	2,6
Ruanda	5,0	Burkina Faso	2,5
Togo	4,5	Malawi	2,4
Simbabwe	4,4	Burundi	2,3
Mali	4,1	Ruanda	1,8
Sudan	3,8	Gabun	1,5
Tanzania	3,7	Zentralafr.Rep.	1,1
Burundi	3,6	Mauretanien	1,0
Burkina Faso	3,5	Zaire	1,0
Liberia	3,3	Tanzania	0,9
Äthiopien	2,7	Äthiopien	0,8
Zentralafr.Rep.	2,6	Ghana	0,7
Sierra Leone	2,6	Uganda	0,7
Somalia	2,5	Mali	0,4
Benin	2,3	Sierra Leone	0,4
Senegal	2,1	Sudan	0,3
Mauretanien	2,0	Sambia	-0,1
Sambia	1,8	Madagaskar	-0,1
Madagaskar	1,6	Elfenbeinküste	-0,3
Ghana	1,4	Togo	-1,1
Zaire	1,4	Liberia	-1,3
Uganda	0,8	Niger	-2,6
Niger	0,3	Nigeria	-3,2

a) geordnet nach der Höhe der Wachstumsrate

Quelle: World Bank, World Development Report, 1988.

Anlage 2

Tabelle 1.6: Bedeutung aller Exporte, Afrika südlich der
Sahara, 1966 und 1985, Länder in Rangfolge
(Punktwert wie Tab. 1.1)

1966		1985	
Land	Bedeutung (Punktw.)	Land	Bedeutung (Punktw.)
1. Sambia	62	1. Botswana	92
2. Liberia	50	2. Elfenbeinküste	64
3. Gabun	45	3. Mauretanien	63
4. Mauretanien	39	4. Kongo	54
5. Elfenbeinküste	33	5. Gabun	49
6. Botswana	30	6. Nigeria	48
7. Simbabwe	30	7. Liberia	46
8. Tanzania	30	8. Sambia	38
9. Kenia	25	9. Zaire	37
10. Zentralafr.Rep.	24	10. Kamerun	35
11. Nigeria	24	11. Togo	35
12. Sierra Leone	23	12. Malawi	27
13. Uganda	21	13. Simbabwe	26
14. Kongo	20	14. Kenia	22
15. Senegal	20	15. Senegal	22
16. Kamerun	19	16. Zentralafr.Rep.	20
17. Malawi	19	17. Niger	17
18. Zaire	19	18. Benin	16
19. Togo	17	19. Ghana	15
20. Ghana	16	20. Mali	15
21. Sudan	16	21. Madagaskar	14
22. Somalia	15	22. Burundi	12
23. Madagaskar	14	23. Sierra Leone	12
24. Ruanda	11	24. Uganda	11
25. Äthiopien	10	25. Äthiopien	9
26. Burkina Faso	6	26. Burkina Faso	8
27. Burundi	6	27. Sudan	6
28. Mali	6	28. Tanzania	6
29. Niger	5	29. Ruanda	5
30. Benin	4	30. Somalia	4

a) 1965
b) 1967
c) 1986

Quelle: World Bank, World Tables, 1987, und World Development Report, 1987; IMF, International Financial
Statistics Yearbook, eigene Berechnung.

2. Weltmarktabhängigkeit Afrikas südlich der Sahara bei mineralischen Rohstoffen

2.1 Die Bedeutung der mineralischen Rohstoffexporte in Afrika südlich der Sahara für den Weltmarkt

Vor der Prüfung dieser Hypothese soll zunächst die Bedeutung Afrikas südlich der Sahara als Lieferant mineralischer Rohstoffe für den Weltmarkt untersucht werden. Die Bestimmung der Weltmarktbedeutung gibt Anhaltspunkte über Marktmachtpositionen auf einzelnen Rohstoffmärkten und damit auch über Spielräume, Abhängigkeiten durch Angebotspolitik reduzieren zu können.

2.1.1 Mineralische Rohstoffe (ohne Energieträger)

Die Ermittlungen im vorliegenden Kapitel zur Produktion mineralischer Rohstoffe und ihrer Erzeugung in den Ländern Schwarzafrikas knüpfen an Berechnungen an, die die Bundesanstalt für Geowissenschaften und Rohstoffe zur regionalen Verteilung der Weltbergbauproduktion und der Weltvorräte durchgeführt hat (Bundeanstalt für Geowissenschaften und Rohstoffe, 1982). Danach betrug der Weltproduktionswert (für 46 mineralische Rohstoffe ohne Energieträger) 1980 rd. 226 Mrd. DM oder rd. 124 Mrd. US $. Nicht weniger als 94 % davon entfielen auf jene 18 Rohstoffe, die jeweils einen Anteil von mindestens 1 % am Weltproduktionswert hatten. Die Rangfolge der einzelnen Rohstoffe (nach dem Produktionswert) ist in Tabelle 2.1 ausgewiesen.

Tabelle 2.1: Produktion von mineralischen Rohstoffen[a]
(ohne Energieträger und Edelsteine) in der
Welt, 1980

Rang	Rohstoff	Produktion (Mill. US-$)	(%)
1	Eisen	32 201	25,9
2	Gold	22 629	18,2
3	Kupfer	11 911	9,3
4	Phosphat	8 231	6,4
5	Silber	6 316	4,9
6	Kali	5 367	4,2
7	Uran	3 725	3,0
8	Zink	3 609	2,8
9	Zinn	3 558	2,8
10	Nickel	2 988	2,3
11	Platin-Metalle	2 815	2,2
12	Bauxit	2 601	2,0
13	Molybdän	2 400	1,9
14	Vanadium	2 279	1,8
15	Asbest	2 216	1,7
16	Blei	2 181	1,7
17	Manganerz	1 763	1,4
18	Kobalt	1 710	1,3
zusammen (1-18)		116 500	93,8
weitere 28 Rohstoffe		7 668	6,2
insgesamt		124 168	100,0

a) Ohne Energieträger und Edelsteine

Quelle: Bundesanstalt für Geowissenschaften und Rohstoffe
(Hrsg.), Regionale Verteilung der Weltbergbauproduktion und der Weltvorräte mineralischer Rohstoffe, Hannover 1982, Tab. 1, S. 8; eigene Berechnungen.

Nach ihrer Bedeutung im Rahmen der Weltproduktion[1]
können die Länder Schwarzafrikas folgenden drei Gruppen
zugeordnet werden:

- Länder ohne eigene Rohstoffproduktion (17): Äquatorial-
  guinea, Benin, Dschibuti, Gambia, Guinea Bissau, Kapver-
  dische Inseln, Komoren, Lesotho, Malawi, Mauritius, Ober-
  volta, Réunion, Sao Tomé und Principe, Seschellen, Somalia, St. Helena und Tschad.

- Länder mit geringfügiger Rohstoffproduktion (15):[2]
  Äthiopien, Angola, Burundi, Elfenbeinküste, Kamerun,
  Mali, Mosambik, Tansania, Zentralafrikanische Repu-
  blik[3], Kenia, Kongo, Madagaskar, Ruanda, Sudan und
  Uganda.

- Länder mit bedeutender mineralischer Rohstoffproduktion
  (16):[4] Botswana, Gabun, Ghana, Guinea, Liberia,
  Mauretanien, Namibia, Niger, Nigeria, Sambia, Senegal,
  Sierra Leone, Simbabwe, Swasiland, Togo und Zaire.

Für diese Gruppe von 16 Ländern sind in der Tabelle 2.2 die
Produktionswerte, unterteilt nach wichtigen Rohstoffarten,
für das Jahr 1986 ausgewiesen. Grundlage für diese Matrix
waren die Weltproduktionswerte wichtiger Rohstoffe im Jahr

---

1) In diesem Abschnitt geht es um den Beitrag der Länder
   Afrikas südlich der Sahara zur Weltförderung mineralischer Rohstoffe. Dieser Gesichtspunkt unterscheidet sich
   grundlegend von der Bedeutung der Rohstoffproduktion
   einzelner Länder für ihre nationale Volkswirtschaft, ein
   Aspekt, der im folgenden Abschnitt behandelt wird.
2) Länder, die bei keiner der 18 wichtigen Rohstoffarten
   einen Anteil von 1 % an der Weltförderung erreichen
   (1986).
3) Ohne Berücksichtigung von Diamanten.
4) Länder, die bei mindestens einer der 18 wichtigen Rohstoffarten 1 % und mehr zur Weltförderung beitragen
   (1986).

Tabelle 2.2: Produktionswert mineralischer Rohstoffe[a], Afrika südlich der Sahara, 1986 (in Mill. US-$)

Land	Rang[b] 1	2	3	4	5	7	8	9	12	13	14	15	16	17	insgesamt	insgesamt ohne Edelmetalle
Rohstoff	Eisen	Gold	Kupfer	Phosphat	Zink	Silber	Bauxit	Nickel	Mangan	Uran	Zinn	Blei	Asbest	Kobalt		
Gewicht[c]	31,3	22,4	10,0	7,7	4,5	2,5	2,4	2,3	1,8	1,8	1,3	1,1	1,0	0,8		
Botswana			25					45						4	74	74
Gabun	0		0						162	29					191	191
Ghana	0	128					4		16						148	20
Guinea							319								319	319
Liberia	410														410	410
Mauretanien	308														308	308
Namibia			49		19	18				135	4	10			235	217
Niger										122	1				122	122
Nigeria															1	1
Sambia			526		26	4						2		125	683	679
Senegal				82											82	82
Sierra Leone							28								28	28
Simbabwe	26	165	16	6		4		26			6		42	250	541	372
Swasiland													6		6	6
Togo				95											95	95
Zaire		91	485		44	6					11				637	540
insgesamt	744	384	1101	183	89	32	351	71	178	286	22	12	48	379	3880	3464

a) ohne Energieträger und Edelsteine.
b) Folgende Rohstoffe sind nicht aufgeführt, da keine Produktion in Schwarzafrika stattfindet: 6: Kali, Gewicht 4,2; 10: Platin-Metalle, Gewicht 2,2; 11: Vanadium, Gewicht 2,1; 18: Molybdän, Gewicht 0,6.
c) Anteil am Weltproduktionswert der 14 aufgeführten und 4 nicht aufgeführten Rohstoffe (in %).

Quelle: Bundesanstalt für Geowissenschaften und Rohstoffe, Hannover; Commodity Yearbook, New York; ergänzende internationale Statistiken; eigene Berechnungen.

1980 (vgl. Tabelle 2.1). Unter Berücksichtigung der danach
erfolgten Preis- und Mengenentwicklung wurden sie bis zum
Jahr 1986 fortgeschrieben. Aus diesen aktualisierten Werten
und aus Angaben über die ländermäßige Verteilung der Welt-
fördermengen konnten Produktionswerte für einzelne Länder
und Rohstoffe abgeleitet werden.

Wie aus Tabelle 2.3 zu ersehen ist, entfallen (1986) zwei
Drittel des Werts der Rohstoffproduktion in Afrika südlich
der Sahara allein auf die fünf Länder Sambia, Zaire, Liberia, Simbabwe und Guinea. Weitere recht bedeutende Förderländer (mit Anteilen von mindestens 3 % am Förderwert)
sind Mauretanien, Namibia, Gabun und Niger und unter Einbeziehung der Edelmetalle auch Ghana.

Tabelle 2.3: Produktion mineralischer Rohstoffe[a] nach
Förderländern, Afrika südlich der Sahara, 1986
(in %)

Rang[a]	Land	Anteil	Anteil[b]
1	Sambia	17,6	19,6
2	Zaire	16,4	15,6
3	Liberia	10,6	11,8
4	Simbabwe	13,9	10,7
5	Guinea	8,2	9,2
6	Mauretanien	7,9	8,9
7	Namibia	6,1	6,3
8	Gabun	4,9	5,5
9	Niger	3,2	3,5
10	Togo	2,5	2,8
11	Sengal	2,1	2,4
12	Botswana	1,9	2,1
13	Sierra Leone	0,7	0,8
14	Ghana	3,8	0,6
15	Swasiland	0,2	0,2
Afrika südlich der Sahara		100,0	100,0

a) Ohne Energieträger und Edelsteine
b) Ohne Edelmetalle

Quelle: Eigene Berechnungen

Die mit Mengen- und Preisreihen für die Periode 1950 bis 1986 ermittelten Werte der Weltbergbauproduktion sowie die mit der Matrix der Produktionsanteile für Schwarzafrika errechneten Werte zeigen, daß der Bergbau dieser Region nach dem Zweiten Weltkrieg zunächst im gleichem Tempo wie der Weltbergbau expandierte: Der Anteil Schwarzafrikas an der Erzeugung der 18 wichtigsten mineralischen Rohstoffe verharrte in den 50er Jahren bei 3,5 % (vgl. Tabelle 2.4). In den 60er Jahren folgte eine Phase zügiger Expansion im schwarzafrikanischen Bergbau, die vor allem vom Ausbau der Eisenindustrie – des nach der Kupferindustrie wichtigsten Produktionszweiges – getragen wurde; der Anteil Schwarzafrikas an der Weltbergbauproduktion verdoppelte sich in dieser Zeit nahezu und stieg auf 6,7 %. Im Zusammenhang mit der Diskussion um eine neue Weltwirtschaftsordnung und der dadurch bedingten zunehmenden Zurückhaltung ausländischer Investoren, die durch die seit Mitte der 70er Jahre anhaltende allgemeine Baisse im Rohstoffsektor noch verstärkt wurde, kam es strukturell zu einem kontinuierlichen Rückgang des Bergbaus in Schwarzafrika, der bis heute anhält (vgl. Tab. 2.23 in Kap. 2.4.3, C).

2.1.2 Energieträger

Während der Förderwert der 18 oben aufgeführten mineralischen Rohstoffe in Schwarzafrika 1986 knapp 4 Mrd. US-$ betrug, erreicht der Förderwert primärer Energieträger ein Vielfaches. Gemessen am Produktionswert konzentriert sich die Energieerzeugung in Schwarzafrika weitgehend auf Rohöl.

Mit 111,5 Mill. t erreichte die Rohölförderung Schwarzafrikas 1986 3,8 % der globalen Förderung. Mit Abstand größter Produzent ist das OPEC-Mitglied Nigeria, auch wenn die Förderung seit 1980 um fast ein Drittel gesunken ist (vgl.

Tabelle 2.4: Produktionswert mineralischer Rohstoffe[a],
Afrika südlich der Sahara, 1950, 1960, 1970,
1973, 1980 und 1986 (in Mill. US-$)

Rang	Rohstoff	1950	1960	1970	1973	1980	1986
1	Eisen	0	58	734	642	1030	743
2	Gold	46	58	49	152	453	384
3	Kupfer	141	348	1003	1553	1739	1101
4	Phosphat	(9)	(14)	39	75	280	183
5	Silber	4	9	5	10	139	32
6	Kali						
7	Uran	0	0	7	47	775	285
8	Zink	5	7	45	120	83	89
9	Zinn	7	7	58	61	142	22
10	Nickel	0	0	32	45	120	71
11	Platin-Metalle						
12	Bauxit	0	7	18	39	416	351
13	Molybdän						
14	Vanadium						
15	Asbest	9	14	20	24	128	48
16	Blei	3	12	20	26	37	12
17	Mangan	40	40	52	86	164	178
18	Kobalt	22	37	75	117	1010	380
insgesamt, ohne Edelmetalle		236	544	2103	2835	5924	3463
Anteil an der Welt- produktion (%)		3,4	3,4	7,1	6,8	6,8	5,8
insgesamt		286	611	2157	2997	6516	3879
Anteil an der Welt- produktion (%)		3,5	3,5	6,7	6,3	5,5	4,7

a) Ohne Energieträger und Edelsteine.

Quelle: Bundesanstalt für Geowissenschaften und Rohstoffe,
Hannover; Commodity Yearbook, New York; Metallgesellschaft (Hrsg.), Metallstatistik; eigene Berechnungen.

Tabelle 2.5). Doch auch in den anderen Ländern, mit nur
sehr geringen Anteilen an der Weltförderung, spielt der
Ölsektor eine erhebliche Rolle für die einzelnen Volkswirtschaften. Die überragende Bedeutung des Rohöls ergibt sich
schon daraus, daß der Produktionswert von Rohöl ein Vielfaches des Wertes der nichtenergetischen mineralischen
Rohstoffe ausmacht: Im Jahr 1980, als der Weltmarktpreis
für Rohöl 31,91 US-$ je Barrel (233,90 US-$ pro t) betrug,
entsprach die Rohölförderung in Schwarzafrika einem Produktionswert von 29,7 Mrd. US-$ - gegenüber einem Produktions-
wert von rd. 6 Mrd. US-$ bei der Förderung von 18 nicht-
energetischen mineralischen Rohstoffen. Und selbst noch
1986, als die Ölmärkte kollabierten und der Ölpreis auf
14,04 US-$ je Barrel (102,91 US-$ je t) zurückfiel, hatte
die inzwischen auf 111,5 Mill. t gesunkene Produktion
Schwarzafrikas noch immer einen Wert von 11,5 Mrd. US-$ -
gegenüber einem Produktionswert von rd. 4,2 Mrd. US-$ bei
18 und von rd. 4,7 Mrd. US-$ bei 46 nichtenergetischen
mineralischen Rohstoffen.

Tabelle 2.5: Rohölförderung, Afrika südlich der Sahara,
1980 und 1986 (in Mill. t)

Region/Land	1980	1986
Schwarzafrika	127,0	111,5
Nigeria	102,2	72,8
Angola	7,4	13,7
Kamerun	2,7	9,1
Gabun	8,9	8,0
Kongo	3,3	5,6
Zaire	1,0	1,3
Übrige Länder	1,5	1,0
Welt	3 089,1	2 920,8

Quelle: UN, Monthly Bulletin of Statistics, November 1987;
Mineralölwirtschaftsverband (Hrsg.), Mineralöl-
Zahlen 1986, S. 53; eigene Berechnungen.

Nicht nur in den beiden Ölländern Nigeria und Gabun, die
beide der OPEC angehören, sondern auch in anderen Ländern
mit eigener Ölföderung ist Rohöl - abgesehen von Zaire -
die mit Abstand wichtigste Devisenquellen (vgl. Tabelle
2.6).

Tabelle 2.6: Anteil der Energieexporte an den gesamten
Exporten der ölproduzierenden Länder in Afrika
südlich der Sahara, 1980 und 1986 (in %)

Land	1980	1986
Nigeria	96,1	94,5
Angola	78,0	86,6
Gabun	80,3	74,0
Kongo	79,9	71,0
Kamerun	30,7	41,0
Zaire	7,7	6,4

Quelle: UN (Hrsg.), Handbook of International Trade and
Development Statistics, Supplement 1986, New York
1987; IMF (Hrsg.), International Financial Statistics; UN (Hrsg), Monthly Bulletin of Statistics;
eigene Berechnungen.

Unter den Gasproduzenten tritt lediglich das Erdölland
Nigeria hervor: Hier wurden 1986 3,3 Mrd. m³ Erdgas gefördert und kommerziell verwertet; bei einem Durchschnittspreis von 1,72 US-$/Mill. Btu bzw. 0,0642 US-$/m³ und 1 %
Qualitätsabschlag entspricht dies einem Marktwert von etwa
210 Mill. US-$ (nach Angaben bei Hough, 1987). Die Förde-
rung im übrigen Schwarzafrika - Angola mit 0,40 Mrd. m³ und
Gabun mit 0,06 Mrd. m³ (zusammen entspricht dies einem Wert
von rd. 30 Mill. US-$) - fällt demgegenüber nicht ins Ge-
wicht.

Die Steinkohleförderung Schwarzafrikas erreichte 1986 rd.
4,6 Mill. t; dies entspricht - gemessen am Weltmarktpreis
der südafrikanischen Kohle (1986: 26,30 US-$ je t) - einem
Marktwert von rd. 118 Mill. US-$. Die Braunkohleförderung
hat in Afrika keine Bedeutung.

Steinkohle wird in größerem Umfang lediglich in Simbabwe
gefördert: Mit rd. 4,0 Mill. t beträgt sein Anteil an der
Weltförderung (3,4 Mrd. t im Jahr 1986) jedoch nur 0,1 %.
Wesentlich geringer ist die Steinkohleförderung in Sambia
(564 000 t), Botswana (480 000 t), Mosambik (385 000 t) und
Nigeria (50 000 t).

Abgesehen von den ölproduzierenden Ländern und einigen mit
großer hydroelektrischer Kapazität, verfügen die meisten
anderen schwarzafrikanischen Länder über keine bedeutenden
eigenen Energievorkommen. Dies zwingt sie, erhebliche Devi-
senbeträge für den Kauf von Energieträgern auf den Weltmärkten auszugeben. Die nicht ölproduzierenden Entwicklungsländer mußten von 1970 bis 1985 durchschnittlich rd.
20 % ihrer Importausgaben für Energieträger aufwenden (UN,
1987, S. 96 ff.). Ähnlich ist die Situation in Schwarzafrika, doch sind regional erhebliche Unterschiede zu verzeichnen: Unter Einbeziehung der Ölländer ergibt sich für
Schwarzafrika bis 1985 ein Anteil der Ölimporte an den
Gesamteinfuhren von nur 9 %; demgegenüber mußten Länder wie
Sambia, Kenia oder Togo ein Drittel ihrer Devisenausgaben
und mehr für Energieimporte aufwenden. Erst das Jahr 1986
brachte mit der Halbierung der Ölpreise entsprechende
Entlastungen für die Ölimportländer.

2.2 Längerfristige Entwicklungstendenzen auf den internationalen Rohstoffmärkten

2.2.1 Entwicklung des Handelsvolumens

Der Welthandel mit Rohstoffen unterliegt seit längerer Zeit
sowohl von der Mengenseite als auch von der Preisseite her
ungünstigen Einflüssen. Die Nachfrage nach Rohstoffen nimmt
sehr viel langsamer zu als die Nachfrage nach verarbeiteten
Produkten (vgl. Tabelle 2.7). Während der Welthandel mit

Tabelle 2.7: Welthandel nach Warengruppen, 1960-86

Warengruppe	Anteil (%)				Veränderung, real (% p.a.)	
	1960	1973	1980	1986	1960-73	1973-86
Rohstoffe	46,8	37,7	43,5	30,4	6	3/4
Nahrungsmittel	19,1	15,0	11,2	10,7	5	3 1/4
Industrierohstoffe	18,0	11,6	8,6	6,9	5	1 1/2
agrarische	10,6	6,0	3,8	3,4	3 1/2	2 1/2
mineralische	7,4	5,6	4,8	3,5	7	1 1/2
Energieträger	9,7	11,1	23,7	12,8	8 1/2	-1
Verarbeitete Erzeugnisse	53,2	62,3	56,5	69,6	10	5 1/4
darunter: Eisen und Stahl (SITC-Gruppe 67)	5,5	5,0	3,8	3,5	8 1/4	2 1/2
insgesamt	100,0	100,0	100,0	100,0	8 1/2	3
insgesamt (Mrd.US-$)	127,9	574,3	1.988,9	2.120,0		
Nachrichtlich:						
Welt-BIP			100,0		5,2	2,7
OECD-Länder			77,9		4,9	2,4
Entwicklungsländer			21,1		6,3	3,9
Weltbevölkerung					1,9	1,9

Quelle: GATT, International Trade; UN, Statistical Yearbook; UN, Monthly Bulletin of Statistics; Weltbank, World Development Report; eigene Berechnungen.

verarbeiteten Erzeugnissen im Zeitraum 1960 bis 1973 real um 10 % pro Jahr expandierte, nahm der Rohstoffhandel damals um 6 % pro Jahr zu. Getragen wurden diese im Vergleich zu heute beachtliche Zunahme des Rohstoffhandels vor allem von der kräftigen Ausweitung des internationalen Handels mit Energieträgern. Die beiden Ölpreisschübe der siebziger Jahre mit ihren rezessiven Auswirkungen auf die Weltwirtschaft markieren jedoch eine nachhaltige Verringerung des allgemeinen Wachstumstempos.

Die Halbierung des Wirtschaftswachstums in den Industrieländern von 4,9 % pro Jahr im Zeitraum 1960 bis 1973 auf 2,4 % im Zeitraum 1973 bis 1986 führte zu einer erheblichen Verlangsamung der Expansion des Welthandels. Besonders einschneidend zeigt sich dieser Knick im Weltrohstoffhandel: Nach einer jährlichen Zuwachsrate von 6 % bis zu Beginn der 70er Jahre nimmt der Rohstoffhandel volumenmäßig jetzt nur noch um knapp 1 % pro Jahr zu.

Eine scharfe Wende ist im internationalen Handel mit Energieträgern eingetreten, der seit 1973 jährlich um 1 % zurückgeht. Unter dem Einfluß der Ölpreisschübe und der allgemeinen Eskalation der Energiepreise schrumpfte der Handel seit 1973 um 2,5 % pro Jahr. Eine rasche Expansion verzeichnete demgegenüber der internationale Gashandel (rd. 7 % pro Jahr), und auch der Kohlehandel nahm kräftig zu (rd. 4 % pro Jahr; vgl. Tabelle 2.8).

Auch bei nichtenergetischen Rohstoffen hat sich das Exportwachstum seit Beginn der 70er Jahre deutlich verlangsamt. Während sich der Handel mit Nahrungsmitteln relativ wenig abschwächte, war bei Industrierohstoffen eine erhebliche Verlangsamung zu verzeichnen: Die jährliche Zuwachsrate ging von 5 % im Zeitraum 1960 bis 1973 auf etwa 1,5 % im Zeitraum 1973 bis 1986 zurück.

Tabelle 2.8: Welthandel mit Energieträgern, 1973 - 86

Energieträger	Exportwert 1985 (Mrd.US-$)	(%)	Exportvolumen Einheit	1973	1986	Veränderung (% p.a.)
Rohöl und Ölprodukte	300,0	84,1	Mill. Barrel/Tag	34,0	24,5	- 2,5
Naturgas	39,5	11,1	Mrd. m³	90,0	213,0	6,9
Kohle	17,0	4,8	Mill. t	208,0	358,0	4,2
insgesamt	356,5	100,0				- 1,1[a]
a) Gewogen mit der Exportstruktur des Jahres 1985.						

Quelle: UN, International Trade 1985, New York 1987; GATT, International
Trade 1985/86, Genf 1986; Shell Briefing Service; Jahrbuch Berg-
bau 1987/88, Essen 1987; Verband Deutscher Kohle-Importeure,
Jahresbericht, Hamburg; eigene Berechnungen.

Innerhalb der Gruppe der Industrierohstoffe verlief die
Entwicklung bei Metallen sehr viel ungünstiger als bei
agrarischen Industriestoffen. Während Produktion und Handel
bei Agrarrohstoffen weiterhin - wenn auch etwas langsamer
als bis zu Beginn der 70er Jahre - zunimmt, wird der Me-
tallhandel durch rezessive Tendenzen geprägt. Nach einer
Stagnationsphase in der zweiten Hälfte der 70er Jahre ver-
harrt die Metallproduktion heute noch immer rd. 5 % unter
dem Niveau des Jahres 1980. Diese Entwicklung spiegelt sich
auch im Welthandel mit Metallen und mineralischen Rohstoffen (ohne Energieträger) wider, der zwischen 1960 und 1973
real um etwa 7 % pro Jahr und seitdem nur um weniger als
1 % pro Jahr zugenommen hat. Bei vielen Erzen bleibt das
Handelsvolumen nach wie vor unter den im Jahre 1974 er-

reichten Höchstständen zurück (vgl. Tabelle 2.9). Gewogen
mit den Exportwerten des Jahres 1985, erhöhte sich das
Handelsvolumen der in Tabelle 2.7 ausgewiesenen Gruppen
mineralischer Industrierohstoffe seit 1973 nur um rd. 0,5 %
pro Jahr. Dabei fällt vor allem die rezessive Entwicklung
des internationalen Handels mit Eisenerz - des wertmäßig
bedeutendsten Rohstoffs innerhalb der SITC-Gruppe 27+28 -
ins Gewicht.

Die unter der SITC-Gruppe 68 erfaßten NE-Metalle - also
bereits aufbereitete Rohstoffe - verzeichnen demgegenüber
eine bessere Entwicklung. Der Handel mit Aluminium, dem mit
Abstand wichtigsten NE-Metall, expandierte mit über 4 % pro
Jahr weiterhin sehr lebhaft. Auch der Kupferhandel nahm
weiter zu. Demgegenüber ist der Handel mit Zinn und Nickel
seit Anfang der 70er Jahre deutlich zurückgegangen. Insgesamt deuten die vier in Tabelle 2.9 erfaßten NE-Metalle -
sie repräsentieren etwa die Hälfte des Handelswertes dieser
Gütergruppe - auf ein Wachstum des Welthandels um etwa
2,5 % bei NE-Metallen hin.

Zusammenfassend ist festzustellen, daß sich der internationale Handel mit nichtenergetischen mineralischen Rohstoffen im Zeitraum 1973 bis 1986 im Vergleich zur Periode
1960 bis 1973 deutlich verlangsamt hat: Nach unseren
Schätzungen, die angesichts der vielfältigen Umrechnungs-
probleme nur annähernd die Größenordnung der realen Handelsströme aufzuzeigen vermögen, ist die Zuwachsrate des
Handels mit mineralischen Rohstoffen der SITC-Gruppen 27,
28 und 68 von früher 7 % pro Jahr auf etwa 1,5 % pro Jahr
seit 1973 zurückgegangen!

Demgegenüber hat der Welthandel mit Eisen und Stahl (SITC-
Gruppe 67) weiter zugenommen. Allerdings wurden hier in
jüngster Zeit deutliche Schwächetendenzen erkennbar. Im

Tabelle 2.9: Welthandel mit mineralischen Rohstoffen, 1973-84

Warengruppe	SITC-Gruppe	Exportwert 1985 (Mrd. US-$)	1973 (Mill.t)	1984 (Mill.t)	Exportvolumen Veränderung (% p.a.)	Höchststand (Mill.t)	Jahr
Mineralische Rohstoffe[a]	27+28	33,80					
Nicht-Erze	27	8,53					
darunter:							
Phosphat	271	(1,54)	49,16	47,71	-0,3	55,49	1974
Schwefel	274	(1,63)	11,29	17,06	3,8	17,06	1984
andere	27	(5,36)					
Erze u. Schrott	28	24,07					
Eisenerz	281	(7,25)	377,0	369,0	-0,2	411,8	1974
Eisen- u. Stahlschrott	282	(2,90)					
Uran, Thorium	286	(0,43)					
NE-Metallerze u.a.	287	(9,30)					
darunter:							
Kupfer		(1,68)	1,12	1,38	1,9	1,62	1982
Nickel		(0,95)	0,103	0,071	-3,3	0,123	1974
Bauxit		(2,89)	29,66	34,84	1,5	36,62	1980
Zinn		(0,31)	0,0448	0,0292	-3,8	0,0515	1974
Mangan		(0,56)	10,60	9,09	-1,4	12,33	1974
Nicht aufgegliedert	(27+28)	1,20					
NE-Metalle u.a.[b]	68	39,74					
darunter:							
Silber, Platin u.a.	681	3,87					
Kupfer	682	9,43					
nicht weiterverarbeitet	6821	(4,93)	2,78	3,28	1,5	3,40	1983
Nickel	683	1,70	0,476	0,428	-1,0	0,502	1974
Aluminium	684	12,97					
nicht weiterverarbeitet	6841	(7,92)	3,70	5,81	4,2	6,15	1983
Blei	685	7,00					
Zink	686	1,86					
Zinn	687	1,77	0,174	0,146	-1,6	0,187	1981
andere	689	1,14					
Eisen und Stahl[b]	67	69,30	147,5[c]	202,6[c]	3,1	205,4	1984

a) Rohstoff-Stufe.
b) Stufe der Aufbereitung bzw. Weiterverarbeitung.
c) Produktgewicht, umgerechnet mit konstantem Faktor 1,3 in Rohstahläquivalent.

Quelle: UN, International Trade 1985, New York 1987; UNCTAD, Yearbook of International Commodity Statistics 1986, New York 1986; International Iron and Steel Institute, Steel Statistical Yearbook; eigene Berechnungen.

Jahr 1986 ist der Stahlhandel konjunkturbedingt um gut 6 %
gegenüber dem Vorjahr zurückgegangen, so daß sich für die
Periode 1973 bis 1986 nur noch eine durchschnittliche Zuwachsrate von 2,5 % errechnet. Demgegenüber hatte der Handel im Zeitraum 1960 bis 1973 real um 8,2 % pro Jahr zugenommen!

2.2.2 Entwicklung der Rohstoffpreise

Die ungünstige Erlösentwicklung, die die Rohstoffexporteure seit Beginn der 70er Jahre hinnehmen müssen, war
einmal die Folge der verschlechterten Absatzlage. Zum anderen wurde sie durch die Preisentwicklung in den letzten
Jahren noch verschärft. Trotz vorübergehender Erholungs-
phasen haben die realen Rohstoffpreise (ohne Preise für
Energieträger), d.h. die um die allgemeine Inflation in der
Weltwirtschaft bereinigten Rohstoffpreise, im langfristigen
Vergleich den niedrigsten Stand der Nachkriegszeit erreicht
(vgl. Abbildung 2.1). Die vielfach umstrittene Prebisch-
These vom langfristigen Verfall der realen Rohstoffpreise
und der damit einhergehenden Verschlechterung der Terms of
Trade der Entwicklungsländer erlebt durch die in den 70er
und 80er Jahren beobachteten Tendenzen eine Renaissance
(vgl. Maizels, 1987).

Mit Abstand die günstigste Preisentwicklung seit Beginn der
70er Jahre verzeichnete Rohöl (Abbildung 2.2). In der
Gruppe der nichtenergetischen Rohstoffe mußten alle Güter
- mit Ausnahme von Holz - seit 1970 starke reale Preisein-
bußen hinnehmen. Die Preise für mineralische Rohstoffe und
Metalle haben sich seit 1960 - ebenso wie das Rohstoff-
preisniveau ganz allgemein - halbiert (vgl. Tabelle 2.10).
In den 60er Jahren waren die Preise für mineralische Rohstoffe und Metalle im Gegensatz zum allgemeinen Trend noch
deutlich gestiegen. Doch in der zweiten Hälfte der 70er

Schaubild 2.1

Reale Rohstoffpreise[1]

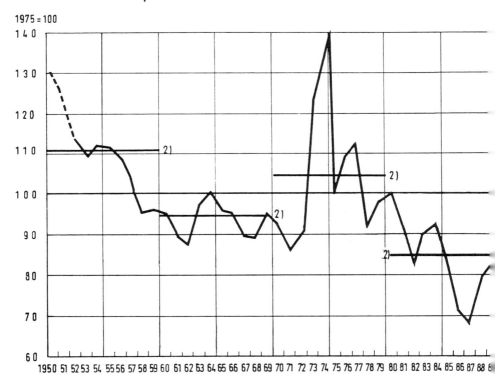

1) HWWA-Index für die nichtenergetischen Rohstoffpreise, deflationiert mit dem UN-Index der Durchschnittswerte für verarbeitete Exporterzeugnisse der Industrieländer.
2) Perioden-Durchschnitt.
3) Februar 1989.

Quelle: HWWA-Institut für Wirtschaftsforschung (Hamburg); UN (Hrsg.), Monthly Bulletin of Statistics; Berechnungen des Ifo-Instituts.

IFO-INSTITUT für Wirtschaftsforschung München   120/89

Schaubild 2.2

Entwicklung des Rohölpreises seit 1973

Dollar pro barrel; log. Maßstab

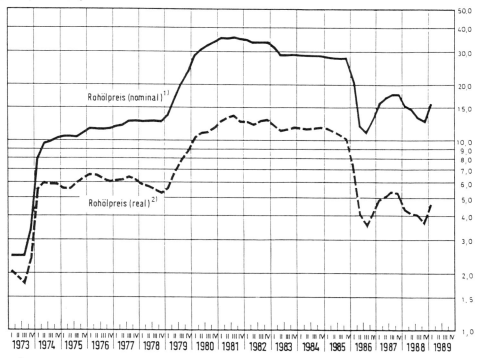

1) Ölexportpreis, fob: bis 1978 Preis für saudi-arabisches Rohöl (34 API),
   ab 1979 gewogener Durchschnittspreis aller OPEC-Länder; ab 1986 Welt-Durchschnitt.
2) Ölexportpreis, deflationiert mit dem UN-Index der Durchschnittswerte
   für verarbeitete Exporterzeugnisse (auf Dollarbasis) der Industrieländer.

Internationnal Energy Agency (Hrsg.), Crude Oil Import Prices 1973/78, OECD, Paris 1979;
OECD (Hrsg.), Economic Outlook; UN (Hrsg.), Monthly Bulletin of Statistics und Berechnungen des Ifo-Instituts.

Jahre setzte ein rascher Preisverfall ein, der durch die Hausse auf den Märkten für NE-Metalle im Jahre 1987 nur vorübergehend zum Stillstand gekommen sein dürfte.

Diese Entwicklung auf den Märkten für mineralische Rohstoffe und Metalle in den letzten zehn Jahren steht in krassem Gegensatz zu früheren Erwartungen und Prognosen, wie sie Anfang der 70er Jahre - dem Höhepunkt der allgemeinen Rohstoffhausse - abgegeben worden waren. Die Hintergründe dieser Entwicklung werden in Abschnitt 2.3 näher analysiert.

Tabelle 2.10: Reale Rohstoffpreise, nach Rohstoffgruppen, 1960, 1970, 1980, 1986 und 1987 (in Indexpunkten, 1979-81 = 100)

Rohstoffgruppe	1960	1970	1980	1986	1987
Rohöl	18	13	107	42	45
Nichtenergetische Rohstoffe	116	111	105	67	58
Nahrungs- und Genußmittel	117	102	104	74	52
Agrar. Industrierohstoffe ohne Holz	157	101	106	66	73
Trop. Holz	59	63	113	81	88
Mineralische Rohstoffe	124	142	105	60	62
darunter:					
Rohphosphat	91	69	106	69	54
Manganerz	177	143	101	75	62
Wolfram	51	152	98	28	26
Eisenerz (Liberia)	153	144	107	76	69
Aluminium	112	111	112	63	77
Kupfer	117	200	107	60	69
Blei	71	90	93	37	48
Zink	106	105	95	77	77
Zinn	51	70	112	38	36
Eisen und Stahl Stabstahl (fob Montanunion)	113	109	103	68	64

Quelle: World Bank, Price Prospects for Major Primary Commodities, Vol. IV: Metalls and Minerals. Washington D.C., 1986; UNCTAD, Monthly Price Bulletin; OECD, Economic Outlook 42, Dezember 1987; Statistisches Bundesamt, Fachserie 17, Reihe 11: Preise und Preisindices im Ausland; eigene Berechnungen.

2.2.3 Entwicklung der Rohstofferlöse

Sowohl Mengen- als auch Preiseinflüsse haben in den letzten
Jahrzehnten zum Rückgang des Anteils der Rohstoffexporte am
Welthandel beigetragen. Dabei verlief die Entwicklung des
Welthandels mit mineralischen Rohstoffen (ohne Energieträger) im Zeitraum von 1960 bis 1973 weniger ungünstig als in
der folgenden Periode. Denn zunächst blieb nur die Entwicklung des Handelsvolumens hinter der allgemeinen Expansion
im Welthandel zurück (vgl. Tabelle 2.7), während sich die
Preise vielfach relativ gut behaupten konnten (vgl. Tabelle
2.10). So sind die realen Preise für NE-Metalle gestiegen,
während sich lediglich die Preise für Eisenerz bereits
damals verschlechterten. Im Zuge dieser Entwicklung ging
der Anteil mineralischer Rohstoffe am Weltexport von 1960
bis 1973 von 7,4 % auf 5,6 % zurück (vgl. Tabelle 2.7). Der
strukturelle Rückgang dieses Anteils verschärfte sich in
den Jahren von 1973 bis 1986, als zur ungünstigen Entwicklung des Absatzes der allgemeine Rückgang der realen Preise
von mineralischen Rohstoffen hinzukam; bis 1986 sank ihr
Anteil am Welthandel auf 3,5 %. Der Handel mit Eisen und
Stahl ist ebenfalls auf einen Anteil von 3,5 % zurückgegangen (vgl. Tabelle 2.7).

Hinsichtlich der Entwicklung der Marktanteile der Regionen
am Weltexport mineralischer Rohstoffe zeigt sich, daß die
Entwicklungsländer seit Mitte der 50er Jahre bis zum Beginn
der 70er Jahre einen Rückgang von 22,8 % auf 18,3 % hinnehmen mußten (vgl. Tabelle 2.11). Seitdem hat sich ihre
Position nicht weiter verschlechtert. Dabei konnten die
Einbußen auf den Märkten für Erze und NE-Metalle (1973: rd.
31 %; 1985: rd. 26 %) durch die Ausweitung der Exportmärkte
für Eisen und Stahl kompensiert werden: In diesem Bereich
haben die Entwicklungsländer ihren Weltmarktanteil von gut
4 % zu Beginn der 70er Jahre auf über 10 % gesteigert.

Tabelle 2.11: Weltexporte mineralischer Rohstoffe[a] nach
Ländergruppen, 1955, 1965, 1973 und 1985

Region	1955	1965	1973	1985
Wert (Mrd. US-$)	11,4	22,7	60,7	139,9
Westliche Industrieländer	7,8	15,7	42,8	100,6
Entwicklungsländer	2,6	4,3	11,1	25,5
Staatshandelsländer	1,0	2,7	6,8	13,8
Anteil (%)	100,0	100,0	100,0	100,0
Westliche Industrieländer	68,4	69,2	70,5	71,9
Entwicklungsländer	22,8	18,9	18,3	18,2
Staatshandelsländer	8,8	11,9	11,2	9,9
a) SITC-Warengruppen 27+28+67+68				

Quelle: UNCTAD, Handbook of International Trade and Development Statistics 1976, New York 1976; GATT,
International Trade, lfd. Jahrgänge; eigene Berechnungen.

Bedingt durch die ungünstige Absatz- und Preisentwicklung
ist der Beitrag der Exporte mineralischer Rohstoffe (SITC-
Gruppen 27, 28, 67 und 68) zu den gesamten Exporterlösen
auch der Entwicklungsländer stark zurückgegangen: Von 1965
bis 1985 fiel der Anteil von 11,8 % auf 5,8 %. Noch drama-
tischer war der Rückgang in den Entwicklungsländern Afrikas
- eine Folge des strukturell rückläufigen Anteils dieser
Region am Weltbergbau: Nachdem der Exportanteil zwischen
1958 und 1970 bei rd. 20 % gelegen hatte, sank der Anteil
bis 1975 auf 11 % und bis 1984 (jüngster verfügbarer Wert)
auf 5,9 % - bei weiter abwärts gerichteter Tendenz!

Abweichend von der allgemeinen Entwicklung bei mineralischen Rohstoffen konnten Energieträger ihren Anteil am
Welthandel bis 1973 zunächst nicht ausweiten und erst im
Gefolge der Preisschübe der 70er Jahre bis 1980 verdoppeln
(vgl. Tabelle 2.7). Doch infolge des mittlerweile rückläu-

figen Handels mit Energieträgern sowie des Ölpreiskollapses im Jahre 1986 ist der Anteil der Energieträger am Weltexport seit 1980 von 24 % wieder auf 13 % zurückgefallen.

Mit den Ölpreiserhöhungen hatte sich der Anteil der Energieexporte an den gesamten Exporten der Entwicklungsländer stark erhöht, und zwar von 33 % im Jahre 1970, auf 60 % im Jahre 1975 und 46 % im Jahre 1984. Noch stärkere Bedeutung erlangten die Energieexporte in den afrikanischen Entwicklungsländern mit Anteile von 34 % im Jahre 1970, 61 % im Jahre 1975 und 71 % im Jahre 1984. Um so härter wurden daher diese Länder von der Halbierung des Ölpreises im Jahre 1986 und den damit einhergehenden Einnahmeausfällen getroffen, die den Anteil der Energieexporte auf etwa 50 % drückten.

2.3 Konjunkturabhängigkeit der Rohstoffmärkte

Die längerfristige Absatz- und Preisentwicklung auf den internationalen Rohstoffmärkten wird kurz- und mittelfristig durch konjunkturelle Absatzschwankungen und - bedingt dadurch - vor allem durch heftige Preisschwankungen überlagert. In Tabelle 2.12 ist die Entwicklung von Exporterlösen, -mengen und -preisen am Beispiel der drei NE-Metalle Kupfer, Aluminium und Zinn sowie von Eisenerz dargestellt. Auf die konjunkturellen Nachfrageschwankungen in der Weltwirtschaft - in Tabelle 2.12 widergespiegelt durch die Entwicklung der Industrieproduktion in den OECD-Ländern - hat die Veränderung des Exportvolumens leicht überproportional reagiert. Bei den Exportpreisen waren stärkere Schwankungen zu verzeichnen als beim Exportvolumen. Mit Ausnahme bei Eisenerz haben sich bei den übrigen Metallen Absatz-und Preisschwankungen verstärkt, so daß sich um so heftigere Erlösschwankungen ergaben. Auch zeigt die Tabelle, daß der Export von metallischen Rohstoffen von 1980 bis

Tabelle 2.12: Weltexportwerte, -mengen und -preise ausgewählter metallischer Rohstoffe, 1980-86

	Gewicht 1980[a)	1980	1981	1982	1983	1984	1985	1986	Durch-schnitt (absolut)
Indices									
Exportwert (US-$)									
Kupfer	31,4	100,0	72,8	67,3	78,0	65,7	67,6	62,2	
Aluminium	30,0	100,0	87,2	79,6	100,9	99,2	97,7	112,3	
Zinn	11,1	100,0	87,0	68,3	62,8	57,7	66,9	31,7	
Eisenerz	27,5	100,0	103,4	97,3	88,5	94,4	94,2	92,4	
insgesamt	100,0	100,0	87,1	79,4	86,1	82,8	83,9	82,1	
Exportvolumen (t)									
Kupfer	31,4	100,0	89,2	95,9	104,5	101,0	100,6	94,2	
Aluminium	30,0	100,0	98,0	108,2	126,5	118,4	140,8	142,9	
Zinn	11,1	100,0	104,5	86,6	82,1	81,6	98,9	83,8	
Eisenerz	27,5	100,0	96,2	86,5	81,6	95,6	99,6	99,2	
insgesamt	100,0	100,0	95,5	96,0	102,3	102,6	112,2	109,0	
Durchschnittswerte je Volumeneinheit (US-$)									
Kupfer		100,0	81,6	70,0	74,6	65,0	67,2	66,0	
Aluminium		100,0	89,0	73,6	79,8	83,8	69,4	78,6	
Zinn		100,0	83,3	78,9	76,5	70,7	67,6	37,8	
Eisenerz		100,0	107,5	112,5	108,5	98,7	85,2	93,1	
insgesamt		100,0	91,2	82,7	84,2	80,7	74,8	75,3	
Veränderung (% p.a.)									
Exportwert (US-$)									
Kupfer			-27,2	-7,6	15,9	-15,8	2,9	-8,0	12,9
Aluminium			-12,8	-8,8	26,8	-1,7	-1,5	14,9	11,1
Zinn			-13,0	-21,5	-8,1	-8,1	15,9	-52,6	19,9
Eisenerz			3,4	-5,9	-9,0	6,7	-0,2	-1,9	4,5
insgesamt			-12,9	-8,8	8,4	-3,8	1,3	-2,1	6,2
Exportvolumen (t)									
Kupfer			-10,8	7,5	9,0	-3,3	-0,4	-6,4	6,2
Aluminium			-2,0	10,4	16,9	-6,4	18,9	1,5	9,4
Zinn			4,5	-17,1	-5,2	-5,2	21,2	-15,3	11,4
Eisenerz			-3,8	-10,1	-5,7	17,2	4,2	-0,4	6,9
insgesamt			-4,5	0,5	6,6	0,3	9,4	-2,9	4,0
Durchschnittswerte je Volumeneinheit (US-$)									
Kupfer			-18,4	-14,4	6,6	-12,9	3,4	-1,8	9,6
Aluminium			-11,0	-17,3	8,4	5,0	-17,2	13,3	12,0
Zinn			-16,7	-5,3	-3,0	-7,6	-4,4	-44,1	13,5
Eisenerz			7,5	4,7	-3,6	-9,0	-3,5	-2,2	5,1
insgesamt			-8,8	-9,3	1,8	-4,2	-7,3	0,7	5,7
Nachrichtlich:									
Index der Industrie-produktion in den OECD-Ländern		100,0	100,2	96,3	99,6	106,8	110,4	111,8	
Veränderung (% p.a.)			0,2	-3,9	3,4	7,2	3,4	1,3	3,2

a) Entsprechend den Anteilen am Weltexport.
b) Ermittelt durch Division von Erlösindex durch Volumenindex.

Quelle: International Monetary Fund, Primary Commodities - Market Developments and Outlook, World Economic and Financial Surveys, Washington D.C., Mai 1986, Tab. 8, S. 13; eigene

1986 mengenmäßig lediglich um 9 % - also um 1,4 % pro
Jahr - zugenommen hat, während sich gleichzeitig das Preisniveau um ein Viertel ermäßigt hat!

Tabelle 2.13: Instabilität[a] der Rohstoffpreise (auf
Dollarbasis), 1957 - 82

Rohstoffgruppe	1957-82	1957-71	1972-82
Rohstoffe Nichtenerget. Rohstoffe			
Gesamtindex	7	3	10
Aggregation der einzelnen Instabilitätsindices	13	8	18
Nahrungsmittel	9	4	14
Getränkerohstoffe	10	4	23
Agrarische Industrie- rohstoffe	9	4	10
Metalle	10	7	10
Preise in SZR	7	3	10
Reale Rohstoffpreise[b]	7	3	10
Rohöl	10	1	14
Verarbeitete Erzeugnisse	3	1	5

a) Instabilität, gemessen an den absoluten Werten der
prozentualen Abweichungen vierteljährlicher Preise
vom mittelfristigen Trend. Dieser Trend wurde errechnet aus einem gleitenden 19-Quartals-Durchschnitt
der beobachteten Preise.
b) Rohstoffpreise, deflationiert mit dem UN-Index der
Durchschnittswerte für verarbeitete Exportgüter der
Industrieländer.

Quelle: K.-Y. Chu und Th. K. Morrison, The 1981-82 Reces-
sion and Non-oil Primary Commodity Prices, in:
Staff Papers, hrsg. vom IWF, Band 31, Nr. 1, März
1984, Tab. 3, S. 102.

Stärker noch als die Durchschnittswerte bringen die Termin-
notierungen die zyklische Instabilität der Rohstoffpreise
zum Ausdruck; hier entfällt der dämpfende Einfluß der sta-
bileren längerfristigen Preiskontrakte. Die heftigen Preisschwankungen auf den Terminmärkten rücken immer wieder in
den Mittelpunkt der Diskussion, wenn es um die Instabilität
auf den Rohstoffmärkten und internationale Gegenmaßnahmen -

etwa im Rahmen von internationalen Rohstoffabkommen und des Integrierten Rohstoffprogramms der UNCTAD - geht. Wie Tabelle 2.13 zeigt, hat sich die Intensität der Preisschwankungen seit Beginn der 70er Jahre erheblich verstärkt. Gemessen an den absoluten Werten der prozentualen Abweichungen vierteljährlicher Preise vom mittelfristigen Trend hat sich die Schwankungsintenstität bei metallischen Rohstoffen von 7 in der Periode 1957-71 auf 10 in der Periode 1972-82 erhöht. Noch stärker erhöht hat sich die Instabilität bei Nahrungsmitteln und Getränkerohstoffen und vor allem bei Rohöl, dessen Preise sich bis zu Beginn der 70er Jahre kaum verändert hatten. Bei Aggregation der einzelnen Preise des zur Berechnung herangezogenen Rohstoffpreisindex (hier des Preisindex des internationalen Währungsfonds mit 33 Einzelpreisen) weisen die Instabilitätsindices höhere Schwankungen auf als der Gesamtindex, da die Glättung durch sich kompensierende gegenläufige Preisbewegungen entfällt.

Die im Vergleich zu verarbeitenden Erzeugnissen hohe Instabilität auf den Rohstoffmärkten überträgt sich auf die gesamten Exporterlöse der Entwicklungsländer, die nach wie vor in hohem Maße auf die Ausfuhr von Rohstoffen ausgerichtet sind. Die Entwicklungsländer Afrikas sind die Region mit dem weitaus höchsten Rohstoffanteil in der Exportpalette; dies gilt auch unter Ausschluß der Ölexportländer im Norden Afrikas: Während die Entwicklungsländer insgesamt den Export verarbeiteter Erzeugnisse ausweiten und so den Anteil der Rohstoffexporte von 1970 bis 1984 von 84 % auf 70 % reduzieren konnten, bestehen die Ausfuhren Schwarzafrikas noch immer zu gut 95 % aus Rohstoffen (vgl. Tabelle 2.14)! Dabei hat sich der Anteil von Erzen und Metallen seit 1970 von 29 % auf 9 % verringert, während Energieträger ihren Anteil bis 1984 mehr als vervierfacht haben (55 %). In der Tabelle sind ferner Angaben zur Exportstruktur der ausgewählten Bergbau- und Ölländer enthalten.

Tabelle 2.14: Exportstruktur nach Warengruppen, westliche Industrieländer, westeuropäische Staatshandels-
länder und Entwicklungsländer, 1970 und 1984 (in %)

Region	Nahrungs- mittel 1970	1984	Agrar. Indu- striestoffe 1970	1984	Erze und Metalle 1970	1984	Energie- träger 1970	1984	Verarbeitete Erzeugnisse 1970	1984	insgesamt[c] 1970	1984
Westliche Industrieländer	12,1	10,6	4,7	3,4	12,5	8,1	3,4	7,8	65,7	68,3	100,0	100,0
Osteuropäische Staatshandels- länder	10,9	5,3	5,5	3,2	13,9	6,1	9,6	32,9	51,4	43,4	100,0	100,0
Entwicklungsländer	26,5	13,8	10,0	3,6	13,6	5,5	33,4	45,6	16,3	30,1	100,0	100,0
OPEC-Länder	6,4	1,9	3,2	1,1	2,7	1,2	85,9	91,9	1,7	3,6	100,0	100,0
übrige	36,3	20,6	13,2	5,1	18,9	8,0	7,8	19,1	23,3	45,2	100,0	100,0
Entwicklungsländer Afrikas (einschl. OPEC-Länder)	29,1	12,8	10,9	4,2	19,6	5,9	33,7	70,8	6,6	5,9	100,0	100,0
Schwarzafrika	39,2	24,0	12,7	7,2	29,0	9,2	12,5	55,0	6,5	4,6	100,0	100,0
(in Mrd. US-$)	(2,83)	(6,96)	(0,92)	(2,08)	(2,09)	(2,66)	(0,90)	(15,98)	(0,47)	(1,35)	(7,21)	(29,03)[a]
darunter:												
Bergbauländer:												
Sambia[b]	0,6	0,1	0,1	0,0	99,1	93,1	0,0	0,0	0,2	2,7	100,0	100,0
Zaire[b]	12,0	29,1	3,2	7,6	77,8	55,1	0,2	1,4	6,8	5,1	100,0	100,0
Niger[b]	91,3	16,3	4,8	0,8	0,2	79,8	0,0	0,9	2,7	2,1	100,0	100,0
Guinea	.	.	.	.	.	.	.	.	.	.	.	.
Liberia	3,8	8,6	19,8	25,6	73,7	64,8	0,0	0,0	2,0	0,4	100,0	100,0
Mauretanien[b]	8,3	50,2	2,5	0,0	88,3	49,1	0,1	0,0	0,8	0,0	100,0	100,0
Ölländer:												
Nigeria[b]	31,4	3,6	5,1	0,5	4,2	0,2	58,2	95,1	0,7	0,3	100,0	100,0
Kongo[b]	17,5	1,0	52,3	2,5	0,3	0,2	1,1	89,6	28,9	6,7	100,0	100,0
Kamerun[b]	63,1	32,9	18,5	10,9	10,0	1,8	0,0	47,0	8,4	7,5	100,0	100,0
Welt	14,7	11,0	5,8	3,5	12,8	7,2	9,3	19,6	55,4	56,3	100,0	100,0

a) Nur bedingt mit anderen Quellen vergleichbar; in Ausgabe 3/1988 der International Financial Statistics
(hrsg. vom IMF) z.B. werden die Exportwerte um knapp 6 Mrd. US-$ höher ausgewiesen als in früheren
Ausgaben der gleichen Reihe.
b) Angaben für 1970 und 1978 (Zaire), 1979 (Nigeria9), 1980 (Mauretanien, Kongo, Kamerun), 1981 (Niger),
1982 (Sambia).
c) Einschließlich nicht spezifischer Waren (SITC-Gruppe 9).

Quelle: UNCTAD, Handbook of International Trade and Development Statistics, 1986 Supplement, New York
1987; eigene Berechnungen.

Auch wenn heute die Öleinnahmen infolge des Preiseinbruchs
auf die Hälfte zurückgegangen sind, stellen Energieträger
weiterhin die wichtigsten Einnahmequelle Schwarzafrikas
dar. Die heftigen Preisschwankungen auf den internationalen
Märkten für Rohöl, dem wichtigsten Exporterzeugnis Schwarzafrikas, haben immer wieder weitgehend gleichgerichtete
Schwankungen der Exporterlöse Schwarzafrikas herbeigeführt;
dies gilt insbesondere für die Preishausse des Jahres 1980
und die Baisse des Jahres 1986. In den ausgewählten Bergbauländern folgen die Schwankungen der Exporterlöse nach
wie vor den Preis- und Mengenzyklen dieser Erzeugnissen
(vgl. Tabelle 2.12 und Tabelle 2.15), auch wenn der Exportanteil der Erze und Metalle in Schwarzafrika inzwischen
deutlich gesunken ist (vgl. Tabelle 2.14).

2.4 Baissefaktoren

2.4.1 Wichtige Einflußfaktoren

In den vorangegangenen Abschnitten ist dargelegt worden,
daß insbesondere der Welthandel mit mineralischen Rohstoffen sowohl von der Mengenseite als auch - von der Entwicklung der Energieträger abgesehen - von der Preisseite ungünstigen Einflüssen unterliegt. Zentrale Einflußfaktoren
dieser Entwicklung sollen im folgenden aufgezeigt werden.
Dabei lassen sich auf der Nachfrageseite vor allem folgende
Einflußfaktoren unterscheiden:

- der Wachstumsaspekt,
- der Industrialisierungsgrad,
- der Branchenstruktureffekt,
- technischer Fortschritt und
- der Substitutionseffekt.

Unter den Angebotseinflüssen sollen angesprochen werden:

- die unzureichende Kapazitätsanpassung,
- der Kampf um Weltmarktanteile und
- Recycling-Einflüsse.

Tabelle 2.15: Exporte, nach Bergbau- und Ölexportländern, Afrika südlich der Sahara, 1970, 1973, 1980-86

Länder	1970	1973	1980	1981	1982	1983	1984	1985	1986
Exportwert (Mrd. US-$)									
Afrika südlich der Sahara	11,247	19,485	76,302	59,687	49,332	52,081	53,304	52,758	45,701
darunter:a)									
Bergbauländerb)									
Zaire	2,117	2,698	4,290	2,899	2,466	3,280	·	·	·
Sambia	0,781	1,013	1,632	0,579	0,400	1,131	1,003	0,947	1,097
Niger	1,001	1,144	1,298	1,078	1,024	0,832	0,654	0,784	0,431
Guinea	0,032	0,062	0,566	0,455	0,332	0,598	(0,457)	·	·
Liberia	0,214	0,324	0,600	0,529	0,477	0,428	0,452	0,436	0,404
Mauretanien	0,089	0,155	0,194	0,258	0,233	0,291	0,289	0,374	0,349
Ölexportländer b)	1,503	3,918	28,241	19,773	14,173	12,357	13,845	15,445	7,982c
Nigeria	1,240	3,462	25,946	17,846	12,185	10,357	11,856	12,548	6,100c
Kongo	0,031	0,089	0,911	0,811	0,993	1,059	1,103	2,175	1,100c
Kamerun	0,232	0,367	1,384	1,116	0,995	0,941	0,886	0,722	0,782
Exportveränderung (% p.a.)									
Afrika südlich der Sahara	–	–	35,1	-21,8	-17,3	5,6	2,3	-1,0	-13,4
Bergbauländer	–	–	7,2	-32,4	-14,9	8,8	·	·	·
Ölexportländer	–	–	49,8	-30,0	-28,3	-12,8	12,0	11,6	-48,3

a) Bergbauländer und Ölexportländer, jeweils geordnet nach der Höhe der Exporte im Jahre 1986.
b) Summe der aufgeführten Länder.
c) Schätzung.

Quelle: International Monetary Fund, International Financial Statistics; eigene Berechnungen.

2.4.2 Nachfrageeinflüsse

a. Der Wachstumsaspekt

Wie bereits im Abschnitt 2.2.1 angesprochen, hängt die Entwicklung des Verbrauchs von mineralischen Rohstoffen zunächst einmal von der Wirtschaftsentwicklung ganz allgemein ab. Im Zeitraum 1960 bis 1973 nahm das reale Bruttosozialprodukt in den OECD-Ländern um 4,9 % pro Jahr zu (vgl. Tabelle 2.7) und bildete den Rahmen für eine lebhafte Zunahme des Rohstoffverbrauchs. Die Verbrauchsentwicklung bei wichtigen mineralischen Rohstoffen und Kunststoffen – als Substitut für Metalle – ist für den OECD-Raum in Tabelle 2.16 zusammengestellt.

Tabelle 2.16: Verbrauch von mineralischen Rohstoffen und Kunststoffen in den OECD-Ländern, 1960-73, 1973-85, 1985

Rohstoffe	1985 (Mill. t)	1960-73 Veränderungsrate (% p.a.)	1973-85
Metalle und Kunststoffe	394,8	6,0	-1,5
Stahl	315,3	5,6	-2,3
NE-Metalle[a]	24,5	6,3	0,0
Kunststoffe[b]	55,0	4,3	4,1
NE-Metalle[a]	24,5	6,3	0,0
Aluminium	10,7	0,0	0,2
Kupfer	6,4	4,6	-0,1
Zink	3,6	5,1	-1,3
Blei	3,2	3,4	0,8
Zinn	0,13	1,8	-2,8
Nickel	0,51	6,6	0,2
Primärenergie (SKE)	3743,5	5,1	0,5
Öl	1568,6	7,6	-1,5
Kohle	924,6	2,7	2,2
Gas	718,0	6,4	0,3
Kernenergie	274,1	37,6	16,9
Übrige	258,2	4,0	2,1

a) Rohmetall- bzw. Raffinade-Stufe.
b) Kondensate, Polymerisate, Cellulosederivate.

Quelle: Metallgesellschaft, Metallstatistik, Frankfurt a.M.; Gesamtverband der kunststoffverarbeitenden Industrie, Kunststoffverarbeitung, Jahresbericht, Frankfurt a.M.; Statistisches Bundesamt, Statistisches Jahrbuch der Bundesrepublik Deutschland, Wiesbaden; International Energy Agency, Energy Balances of OECD Countries 1970/ 1985 and Main Series from 1960. Paris 1987; eigene Berechnungen.

Die unterschiedlichen Wachstumsraten spiegeln u.a. Sätti-
gungsprozesse und Stufen im Lebenszyklus der einzelnen
Produkte wider. In der Gruppe der Energieträger ist die
Periode bis Anfang der 70er Jahre durch die kräftige Expansion der Nachfrage nach Öl gekennzeichnet: Während sich die
Energienachfrage im Gleichschritt mit dem allgemeinen Wirtschaftswachstum entfaltete (Nachfrageelastizität = 1),
wurde die Verdopplung des Energiebedarfs in den Industrieländern in dieser Zeit weitgehend durch Öl und - mit einem
erheblich geringeren absoluten Beitrag - durch Gas gedeckt;
die Kernenergie trug damals erst wenig zur Deckung des
Energiebedarfs bei. Die beiden Ölpreisschübe der 70er Jahre
brachten einen scharfen Einschnitt: Bei zwar erheblich
verlangsamtem gesamtwirtschaftlichen Wachstum nahm der
Energiebedarf insgesamt kaum noch zu (und zwar von 3.525
Mill. t SKE im Jahre 1973 auf 3.744 SKE im Jahre 1985),
während der Ölverbrauch nun gedrosselt wurde. Der Energiebedarf verschob sich zur Kernenergie und zurück zur Kohle.

Die Nachfrage nach Metallen expandierte bis 1973 deutlich
stärker als die gesamtwirtschaftliche Nachfrage, wobei die
Wachstumsraten bei Stahl und NE-Metallen insgesamt noch
nicht sehr stark differierten. Innerhalb der Gruppe der
NE-Metalle verzeichnete Aluminium, ein im Vergleich zu den
anderen Buntmetallen noch sehr junges Metall, die höchsten
Zuwachsraten; ihm folgte Nickel. Die Marktentwicklung von
Zinn hatte bereits damals den Höhepunkt überschritten. Mit
dem Wachstumseinbruch 1973/74 setzte auf den Märkten für
NE-Metalle eine Stagnationsphase ein. Während selbst der
Aluminiumverbrauch kaum noch zunahm, schrumpften zum Bei-
spiel die Märkte für Zink und Zinn erheblich. Auch der
Stahlmarkt in den Industrieländern ist seit 1973 durch eine
anhaltende Rezessionsperiode gekennzeichnet.

Als verbrauchsdämpfender Faktor sei schließlich noch an die
Bevölkerungsentwicklung erinnert: Während die Bevölkerung

in den OECD-Ländern zwischen 1960 und 1973 um 1,1 % pro
Jahr zugenommen hatte, ist seitdem lediglich ein Wachstum
von knapp 0,8 % pro Jahr zu verzeichnen.

b. Der Industrialisierungsgrad

Neben dem allgemeinen Wirtschaftswachstum spielt für die
Entwicklung des Rohstoffverbrauchs der Industrialisierungsgrad in der langfristigen Betrachtung eine Rolle. Malenbaum
(1977) hat in seinen Untersuchungen zur Entwicklung des
Rohstoffverbrauchs in den Vereinigten Staaten auf Sätti-
gungstendenzen in hochindustrialisierten Volkswirtschaften
hingewiesen. Ab einem gewissen Entwicklungsniveau stagniert
der Rohstoffverbrauch, wobei natürlich die Sättigungszeit-
punkte bei den einzelnen Rohstoffen von ihrem jeweiligen
Produktlebenszyklus abhängen. Der Rohstoffverbrauch pro
Kopf sinkt dann. Dies ist vor allem der wachsenden Bedeutung des tertiären Sektors und dem technischen Fortschritt
zuzuschreiben.

Der Einfluß des Industrialisierungsgrades läßt sich am
Vergleich des spezifischen Rohstoffverbrauchs in einzelnen
Industrieländern veranschaulichen. Ähnlich den Erfahrungen
in den USA weisen zum Beispiel auch in der Bundesrepublik
durchgeführte Untersuchungen auf abnehmende Elastizitäten
des NE-Metallverbrauchs in bezug auf die Zunahme des So-
zialprodukts und der Industrieproduktion hin; vergleichbar
dem Energieverbrauch ist also auch bei anderen mineralischen Rohstoffen eine gewisse Entkoppelung von Rohstoff-
nachfrage und Wirtschaftswachstum zu beobachten (vgl.
Müller-Ohlsen, 1981, S. 73 ff.).

c. Der Branchenstruktureffekt

Die Absatzentwicklung der Rohstoffe ist eng mit der Marktentwicklung in den Abnehmerbereichen verknüpft. Konzentrie-

ren sich die Abnehmerbereiche auf strukturell gewinnende
(oder schrumpfende) Wirtschaftszweige, gehen tendenziell
positive (oder negative) Impulse auf den Sektor des mineralischen Bergbaus aus. Der von den Energiepreisschüben der
70er Jahre ausgelöste Kostenanstieg hat die Wachstumsmög-
lichkeiten vor allem in den energiekostenintensiven Wirtschaftsbereichen eingeengt und - unterstützt durch Energie-
sparmaßnahmen verschiedenster Art- zu einer Stagnation des
Endenergieverbrauchs in den Industrieländern geführt. Dies
hat mit dazu beigetragen, daß der Energieverbrauch vor
allem im Sektor Industrie seit 1973 deutlich gesunken ist,
während er in den anderen Bereichen noch mäßig steigt (vgl.
Tabelle 2.17).

Tabelle 2.17: Endenergieverbrauch in den OECD-Ländern, nach
Sektoren, 1960, 1973 und 1985

Verbrauch (Mill. t Öläquivalent)	1960	1973	1985
Industrie[a]	623,5	1 137,8	986,3
Verkehr	346,3	673,4	782,2
Haushalte und Kleinver-braucher	456,1	838,1	872,7
insgesamt	1 425,9	2 649,3	2 641,2
Veränderung (% p.a.)	1960 - 73		1973 - 85
Industrie	5,1		-1,2
Verkehr	3,0		1,3
Haushalte und Kleinver-braucher	4,8		0,3
insgesamt	4,9		0

a) Einschließlich des nichtenergetischen Energieverbrauchs.

Quelle: International Energy Agency, Energy Balances of
OECD-Countries 1970/85 and Main Series from 1960,
Paris 1987; eigene Berechnungen.

Um die Abhängigkeit des Bergbaus von der Wirtschaftsentwicklung in den Abnehmerbereichen abzugreifen, sollen am
Beispiel der NE-Metalle die Endverbraucher nach Branchen
aufgeschlüsselt werden. Wichtige Einsatzschwerpunkte sind

- bei Aluminium: der Fahrzeugbau, die Bauwirtschaft und der
  Maschinenbau;

- bei Kupfer: mit Abstand (über die Hälfte des Kupferab-
  satzes) die elektrotechnische Industrie, die Bauwirtschaft, der Maschinenbau und der Fahrzeugbau;

- bei Blei: mit Abstand der Fahrzeugbau (Akkumulatoren) und
  die chemische Industrie;

- bei Zink: mit Abstand der Fahrzeugbau, ferner der Maschinenbau und die Bauwirtschaft, und

- bei Zinn: die chemische Industrie sowie verschiedene Me-
  tallbranchen.

Die NE-Metallindustrie selbst ist natürlich der größte
Erstabnehmer von NE-Metallen. Als Endverbraucher spielen
demgegenüber- auf eine kurze Formel gebracht - die Investitionsgüterindustrie (Ausrüstungsinvestitionen), die Bauwirtschaft und die chemische Industrie als Haupteinsatzge-
biete von NE-Metallen eine dominierende Rolle.

Insgesamt verzeichneten diese Wirtschaftsbereiche in den
westlichen Industrieländern zwischen 1973 und 1985 im Vergleich zur allgemeinen Wirtschaftsentwicklung - gemessen am
Wachstum des Bruttoinlandsprodukts - ein unterdurchschnitt-
liches Wachstum: In den sieben großen OECD-Ländern (USA,
Japan, Bundesrepublik Deutschland, Frankreich, Großbritannien, Italien und Kanada) nahm das Bruttoinlandsprodukt

zwischen 1973 und 1985 um rund 2,5 % pro Jahr zu. Dabei
betrug das jahresdurchschnittliche Wachstum in den ange-
sprochenen Wirtschaftsbereichen (eigene Berechnungen nach:
OECD, 1987 und OECD, div. Jgg.):

Bruttoanlageinvestitionen insgesamt	1 1/4 %,
Bauinvestitionen	0 %,
Ausrüstungsinvestitionen	3 3/4 %,
Verarbeitendes Gewerbe	2 1/4 %,
Chemische Industrie (in weiter Abgrenzung)	1/2 %.

Impulse gingen zwar von den strukturell gewinnenden Wirt-
schaftszweigen im Investitionsgüterbereich (für Ausrüstun-
gen) aus, doch kamen von den anderen Bereichen retardieren-
de Nachfrageeffekte. Vom Strukturwandel der Wirtschaftszweige dürften also insgesamt negative Nachfrageeinflüsse
auf den Sektor der NE-Metalle ausgegangen sein. Auch der
Eisen- und Stahlbereich unterlag solchen Einflüssen.[1]

Den negativen Branchenstruktureffekt spiegeln auf Sektor-
Ebene die kontinuierlichen Anteilsverluste der Industrie
und die Gewinne der Dienstleistungsbereiche. Während die
reale Wirtschaftsleistung im Sektor Industrie (einschließlich Bergbau, Energie- und Wassergewinnung sowie Bauwirtschaft) in den sieben großen OECD-Ländern von 1973 bis 1985
nur um 1,75 % pro Jahr stieg, verzeichneten die Dienstleistungen ein Wachstum von 3 %. Entsprechend schrumpfte der
Anteil des Sektors Industrie am Bruttoinlandsprodukt in den
Industrieländern bis 1985 auf 36 % (1965: 40 %), während
der Anteil der Dienstleistungsbereiche auf 61 % (1965:
55 %) stieg (vgl. World Bank, 1987a, S. 207).

---

1) Vgl. hierzu die Analyse am Beispiel der stahlver-
brauchenden Bereiche in Frankreich in der Nachkriegszeit: UN-Economic Commission for Europe, 1984, S. 38
ff.

d. Technischer Fortschritt

Weltweit ist in den letzten Jahrzehnten eine deutliche
Verringerung des spezifischen Rohstoffverbrauchs eingetreten. Zu den treibenden Kräften dieser Entwicklung gehört -
neben anderen Einflußfaktoren - der technische Fortschritt,
der sowohl produkt- als auch produktionstechnische Veränderungen umfaßt und damit Anpassungsprozesse sowohl auf der
Nachfrageseite wie auch der Angebotsseite auslöst. Auch
dies sei wieder anhand der Entwicklung in den OECD-Ländern
aufgezeigt.

Tabelle 2.18: Energie- und Ölintensitäten in den OECD-Ländern, nach Sektoren, 1960, 1973 und 1985 (in
Indexpunkten, 1973=100)

Vorgang	Energieintensitäten			Ölintensitäten		
	1960	1973	1985	1960	1973	1985
Energieeinsatz je Output-Einheit						
Gesamtwirtschaft[a]	97,2	100,0	80,5	72,0	100,0	63,5
Industrie[b]	70,7	100,0	68,6	56,8	100,0	51,8
Verkehr[c]	95,4	100,0	88,1	88,5	100,0	88,2
Haushalte u. Kleinverbraucher	100,9	100,0	78,9	40,2	100,0	69,5
Energieeinsatz je Einwohner						
Gesamtwirtschaft[d]	60,4	100,0	97,0	45,0	100,0	76,5
Verkehr[e]	59,2	100,0	92,0	55,0	100,0	100,0

a) Primärenergieverbrauch je BIP-Einheit.
b) Endenergieverbrauch in der Industrie, bezogen auf die
   industrielle Nettoproduktion.
c) Endenergieverbrauch für diesen Sektor, je BIP-Einheit.
d) Primärenergieverbrauch je Einwohner.
e) Energieverbrauch für den Bereich Verkehr, je Einwohner.

Quelle: International Energy Agency, Energy Balances of
        OECD-Countries 1970/85 and Main Series from 1960,
        Paris 1987; eigene Berechnungen.

Bekanntlich haben Einsparbemühungen und technischer Fortschritt als Folge der Preisschübe der 70er Jahre im Energiebereich zu einer sehr starken Verringerung des spezifischen Energieverbrauchs geführt. Die Energieintensität in
den OECD-Ländern ist von 1973 bis 1985 um rd. ein Fünftel
zurückgegangen (vgl. Tabelle 2.18), die Ölintensität sogar
um gut 36 %. Am ausgeprägtesten war der Rückgang des spezifischen Energie- und Öleinsatzes in der Industrie: Während
die Energieintensität seit der ersten Ölpreiskrise hier um
rd. ein Drittel gesunken ist, hat sich der Öleinsatz je
Output-Einheit nahezu halbiert.

Auch bei metallischen Rohstoffen ist in den letzten Jahrzehnten eine deutliche Verringerung des spezifischen Rohstoffverbrauchs eingetreten, ein Prozeß, der sich seit
Beginn der 70er Jahre noch verstärkt hat (vgl. Tabelle
2.19). Besonders stark war der Rückgang des spezifischen
Stahlverbrauchs. Bei der Verwendung höherwertiger Stähle
und flachgewalzter Breitbandbleche mit ihren verbesserten
Fertigkeitseigenschaften ist heute nur ein Bruchteil des
Materialeinsatzes erforderlich. Der technische Fortschritt
auf den verschiedenen Stufen des Produktionsprozesses wurde
durch Substitutionsprozesse noch verstärkt (vgl. UN-Economic Commission for Europe, 1984, S. 53 ff.). Ähnlich verläuft die Entwicklung bei NE-Metallen. Beispielhaft sei
hier die Entwicklung bei Zinn angesprochen. Zu den wichtigsten Verwendungsbereichen von Zinn gehört die Verzin-
nung, auf die - gemessen am Reinzinnverbrauch - in der
Bundesrepublik Deutschland rd. ein Drittel des gesamten
Zinnverbrauchs entfällt. Wichtigster Verbrauchssektor ist
hier die Weißblecherzeugung. Mit der Verringerung des
Zinngehalts der Bleche konnte der Zinnverbrauch in diesem
Bereich kontinuierlich gedrosselt werden. Wurden vor
dreißig Jahren bei der damals gebräuchlichen Feuerverzin-
nung für die Zinnauflage der Blechdosen innen und außen

noch 24 bis 30 g Zinn pro m² Blech gebraucht, so sind mit
der heutigen Technik der Elektrolytverzinnung nur noch
5,6 g Zinn pro m² erforderlich (vgl. Luth, 1984, S. 30) –
vier Fünftel der ursprünglich erforderlichen Zinnmenge
werden also eingespart.

Tabelle 2.19: Spezifischer Rohstoffverbrauch[a] in den OECD-
Ländern, 1960, 1973 und 1985 (in Indexpunk-
ten, 1973=100)

Rohstoff	1960	1973	1985
Metalle und Kunststoffe	86,8	100,0	62,9
Stahl	91,4	100,0	57,3
NE-Metalle[b]	83,6	100,0	75,4
Kunststoffe[c]	32,8	100,0	122,6
NE-Metalle[b]	83,6	100,0	75,4
Aluminium	53,8	100,0	77,5
Kupfer	104,1	100,0	75,5
Zink	96,9	100,0	64,6
Blei	120,2	100,0	83,6
Zinn	147,5	100,0	53,6
Nickel	81,0	100,0	78,0
Primärenergie (SKE)	97,2	100,0	80,5
Öl	72,0	100,0	63,5
Kohle	179,1	100,0	98,2
Gas	82,8	100,0	78,6
Kernenergie	2,9	100,0	492,4
übrige	112,0	100,0	97,1

a) Rohstoffverbrauch in t je BSP-Einheit in Preisen von
1980.
b) Rohmetall- bzw. Raffinade-Stufe.
c) Kondensate, Polymerisate, Cellulosederivate.

Quelle: Metallgesellschaft, Metallstatistik Frankfurt
a.M.; Gesamtverband der Kunststoffverarbeitenden
Industrie, Kunststoffverarbeitung, Jahresbericht,
Frankfurt a.M.; Statistisches Bundesamt, Statisti-
sches Jahrbuch der Bundesrepublik Deutschland,
Wiesbaden; International Energy Agency, Energy
Balances of OECD Countries 1970/ 1985 and Main
Series from 1960, Paris 1987; eigene Berechnungen.

e. Der Substitutionseffekt

Mit dem Entstehen neuer Werkstoffe und Materialien ist es
zu tiefgreifenden Wandlungen im Rohstoffeinsatz gekommen.
Um diese Substitutionsprozesse zu verdeutlichen, wurden in
Tabelle 2.20 Materialgruppen mit verwandten Anwendungsge-
bieten zusammengestellt. Innerhalb der Gruppe "Metalle und
Kunststoffe" fällt der strukturell rasch expandierende
Einsatz der Kunststoffe auf, einem noch sehr jungen Werkstoff. Auch die NE-Metalle konnten ihre Position noch
leicht ausbauen, während Stahl auf der Verliererseite

Tabelle 2.20: Verbrauchsanteile[a] mineralischer Rohstoffe
in den OECD-Ländern, 1960, 1973 und 1985
(in %)

Rohstoff	1960	1973	1985
Metalle und Kunststoffe	100,0	100,0	100,0
Stahl	92,3	87,7	79,9
NE-Metalle[b]	5,0	5,2	6,2
Kunststoffe[c]	2,7	7,1	13,9
NE-Metalle[b]	100,0	100,0	100,0
Aluminium	27,3	42,3	43,6
Kupfer	32,4	26,0	26,0
Zink	20,0	17,2	14,7
Blei	17,0	11,8	13,1
Zinn	1,3	0,7	0,5
Nickel	2,0	2,0	2,1
Primärenergie (SKE)	100,0	100,0	100,0
Öl	39,4	53,2	41,9
Kohle	37,3	20,2	24,7
Gas	16,7	19,7	19,2
Kernenergie	0,0	1,2	7,3
übrige	6,6	5,7	6,9

a) Anteile, gemessen am Rohstoffgewicht in t.
b) Rohmetall- bzw. Raffinade-Stufe.
c) Kondensate, Polymerisate, Cellulosederivate.

Quelle: Metallgesellschaft, Metallstatistik Frankfurt
a.M.; Gesamtverband der Kunststoffverarbeitenden
Industrie, Kunststoffverarbeitung, Jahresbericht,
Frankfurt a.M.; Statistisches Bundesamt, Statisti-
sches Jahrbuch der Bundesrepublik Deutschland,
Wiesbaden; International Energy Agency, Energy
Balances of OECD Countries 1970/ 1985 and Main
Series from 1960, Paris 1987; eigene Berechnungen.

steht. Innerhalb der NE-Metalle konnte Aluminium starke
Gewinne verzeichnen und hat Kupfer aus seiner führenden
Stellung als Buntmetall verdrängt. Auch Nickel wird heute -
vor allem bei der Produktion von Spezialstahl - verstärkt
eingesetzt. Die Gründe für die Verschiebungen der Rohstoff-
nachfrage zugunsten von Kunststoffen und Aluminium sind vor
allem das geringe spezifische Gewicht und die vielseitigen
Verwendungsmöglichkeiten, Eigenschaften wie Korrosionsbe-
ständigkeit und hohe Festigkeit, die diesen beiden Werk-
stoffen neue Einsatzgebiete erschlossen haben. Die Expansion der Kunststoffe zeigt beispielhaft, wie ein junger
Werkstoff in relativ kurzer Zeit erhebliche Marktanteile
gewinnen kann.

Der Strukturwandel beim Energieeinsatz ist in der Zeit des
billigen Öls bis 1973 durch die Substitution von Kohle
durch Öl gekennzeichnet - ein Prozeß, der sich unter dem
Einfluß der Preisschübe bei Rohöl umgekehrt hat. Hinzu
kommt die Expansion der Kernenergie, die jetzt gut 7 % des
Energiebedarfs in den OECD-Ländern deckt.

2.4.3 Angebotseinflüsse[1]

a. Recycling

Die Wiederverwertung von Rohstoffabfällen und ihre Rück-
führung in den Rohstoffkreislauf (Recycling) erweist sich
als ein wichtiger Beitrag zur Erweiterung der Rohstoffbasis
und zur Streckung der Rohstoffreserven. Die rückgewonnenen
sekundären Rohstoffe können das Angebot von primären Rohstoffen erheblich ergänzen. Die Absatzmöglichkeiten der
Primärrohstoffe werden dadurch eingeengt.

---

1) Auf den technischen Fortschritt, der sowohl die Nach-
   frage- wie auch die Angebotsseite beeinflußt, wurde
   bereits eingegangen.

Die Wiederverwertung von Rohstoffabfällen fand unter dem
Einfluß der Rohstoffhausse zu Beginn der 70er Jahre und der
damals vielfach geäußerten Befürchtung einer Verknappung
der Rohstoffe - erinnert sei hier an die Studie von Meadows
über die "Grenzen des Wachstums" (vgl. Meadows u.a., 1972)
- verstärkte Beachtung. Mit dem Verfall der realen Rohstoffpreise, der relativen Verschlechterung der Rohstoffpreise gegenüber den Preisen von verarbeiteten Erzeugnissen
- und hierzu gehören letztlich auch Sekundärrohstoffe -,
sind die wirtschaftlichen Impulse wieder schwächer geworden. Doch mit der Entfaltung der Umweltdiskussion in den
80er Jahren haben auch die Bemühungen um umweltschonenden
und rohstoffsparenden Ressourceneinsatz neuen Auftrieb
erhalten.

Wie Tabelle 2.21 zeigt, haben sich die Recyclingquoten
(d.h. der Einsatz von Sekundärrohstoffen, bezogen auf den
Gesamtverbrauch eines Rohstoffs) seit Mitte der 70er Jahre
in der westlichen Welt generell erhöht. Bei Eisen z.B. ist
die Recyclingquote in den Industrieländern von 1975 bis
1982 von 49 % auf rd. 52 % gestiegen. Wie neuere Berechnungen der Metallgesellschaft zeigen, hat die Wiederverwertung
bei NE-Metallen in den letzten Jahren dagegen nicht weiter
zugenommen. Bei NE-Metallen wurden 1986 (1982) in der westlichen Welt folgende Rückgewinnungsraten erreicht (vgl.
Metallgesellschaft, 1987, S. I und 1983, S. V):

Aluminium	25,7 %	(27,3),
Kupfer	36,6 %	(38,4),
Zink	22,6 %	(24,2),
Blei	48,1 %	(46,0),
Zinn	21,1 %	(16,7),
insgesamt	30,7 %	(31,9).

Tabelle 2.21: Rückgewinnungsraten bei mineralischen Rohstoffen in ausgewählten Industrieländern, 1975 und 1982 (in %)

Rohstoff	BR Deutschland 1975	BR Deutschland 1982	EG 1975	EG 1982	USA 1975	USA 1982	Japan 1975	Japan 1982
NE-Grundmetalle								
Aluminium	27	26	21	21	5	14	10	16
Kupfer	38	42	34	43	24	32	23	30
Blei	48	42	45	46	38	49	24	33
Zink	33	36	26	31	7	7	9	13
Zinn	35	24	24	29	25	29	11	19
Eisen und Metalle für Legierungen u. Sonderverwendung								
Eisen	52	45	47	47	55	61	35	41
Antimon	27	28	38	33	44	51	.	.
Chrom	9	11	9	13	.	7	.	.
Kobalt	9	15	11	11	2	.	.	.
Mangan	.	.	.	.	.	.	.	.
Molybdän	9	7	7	9	.	12	.	.
Nickel	14	18	15	21	13	.	.	.
Niob	3	2	2	1	0	11	.	.
Quecksilber	1	1	2	6	5	.	.	.
Tantal	8	10	11	17	.	.	.	.
Titan	0	1	0	1	0	.	0	.
Vanadium	4	2	6	4	0	.	.	.
Wolfram	27	16	27	24	.	0	.	.
Zirkonium	.	0	0	0	.	.	.	.
Nicht-Metalle								
Fluor	.	.	.	.	.	.	.	.
Phosphat	16	7	18	7	.	.	.	.

Quelle: Statistisches Amt der Europäischen Gemeinschaften, EG-Rohstoffbilanzen 1975-1978, Luxemburg 1981 und EG-Rohstoffbilanzen 1979-1982, Luxemburg 1985; eigene Berechnungen.

b. Überkapazitäten

Der bekannte Schweinezyklus ist auf den Rohstoffmärkten ein
immer wieder zu beobachtendes Phänomen: In Phasen hoher
Preise wird die Produktion ausgeweitet, die Produkte kommen
mit der zur Ausweitung der Erzeugung erforderlichen Zeit
später auf den Markt, das erhöhte Angebot drückt die Preise
und die Abschwungsphase des Preiszyklus beginnt; wenn die
Überkapazitäten abgebaut sind, erholen sich die Preise
wieder. Auch die Entwicklung auf den Metallmärkten in den
70er und 80er Jahren spiegelt diesen Zyklus. Nach der Phase
hoher Preise um die Mitte der 70er Jahre wurden die Kapazitäten weiter ausgeweitet, während gleichzeitig der Verbrauch unter dem Einfluß der in Abschnitt 2.3.2 angeführten
Gründe nur noch wenig zunahm. Große Überkapazitäten entstanden. Wie Tabelle 2.22 zeigt, konnten im Jahre 1983 bei
Stahl 40 %, bei NE-Metallen 20 % bis 25 % der Kapazitäten
nicht genutzt werden. Die Baissefaktoren auf der Nachfrageseite wurden dadurch lange Zeit verstärkt.

Tabelle 2.22: Geschätzte Auslastung der Kapazitäten bei der
Metallerzeugung in der westlichen Welt, 1983
(in %)

Metall	Produktionsstufe	Auslastungsgrad
Stahl	Rohstahl	60
Aluminium	Schmelzhütten	80
Kupfer	Bergbau	77
	Schmelzhütten	78
Blei	Bergbau	78
	Schmelzhütten	80
Zink	Bergbau	75
	Schmelzhütten	80

Quelle: R.H. Carnegie, Outlook for Mineral Commodities.
Veröffentlichung der Group of Thirty, New York
1986, Tab. 9, S. 16.

Es dauerte Jahre, die Kapazitätsüberhänge abzubauen. Dies ist offenbar erst 1987 bei den NE-Metallen gelungen. Die weltweite Zurückhaltung bei der Erschließung neuer Lagerstätten, die Schließung unwirtschaftlicher Hütten und die zeitweise Stillegung von Kapazitäten haben zu einem Abbau der hohen Weltvorräte bei NE-Metallen geführt. Die Schere zwischen Kapazitäten und Nachfrage hat sich daher wieder geschlossen, und die Kapazitätsauslastung dürfte bei NE-Metallen um die Jahreswende 1987/88 um etwa 90 % oder höher gelegen haben. Bei Aluminium zum Beispiel stieg der Auslastungsgrad nach Angaben des International Primary Aluminium Institute im Laufe des Jahres 1987 von 90 % auf 94 %. Die spektakuläre Preishausse auf den Märkte für NE-Metalle – gemessen am HWWA-Index auf Dollarbasis, erfolgte eine Verteuerung um 64 % von Ende 1986 bis Ende 1987 – ist eine Reaktion auf die gestiegene Kapazitätsauslastung und geht auf den deutlichen Wandel in den weltweiten Versorgungsbilanzen bei NE-Metallen zurück. Wie die Erfahrung gezeigt hat, werden derart kräftige, konjunkturell bedingte Preissteigerungen in ein oder zwei Jahren wieder durch sinkende Preise abgelöst. Offen bleibt, ob damit auch bereits der obere Wendepunkt einer längerfristigen Preiswelle erreicht worden ist.

Mit dem preisinduzierten Nachfragerückgang auf den internationalen Rohölmärkten haben sich auch hier in den 80er Jahren große Kapazitätsüberhänge gebildet, die sich vor allem in den OPEC-Ländern konzentrieren. Hatten die OPEC-Länder 1979 ihre Kapazitäten noch auslasten können, sank der Auslastungsgrad bis 1985 auf rd. 55 % und bewegte sich 1986 und 1987 wieder auf einem etwas höheren Niveau, zuletzt bei rd. 61 %.

c. Kampf um Marktanteile

Zur Herausbildung der weltweiten Überkapazitäten hat vor allem auch die relativ starke Expansion der Produktion

mineralischer Rohstoffe in den Entwicklungsländern beigetragen, die den eingetretenen Strukturveränderungen auf der
Nachfrageseite nicht hinreichend Rechnung trug. Während in
den Industrieländern Kapazitäten und Erzeugung unter
Kostenaspekten tendenziell den verschlechterten Absatzbe-
dingungen angepaßt wurden, versuchten die Entwicklungsländer, durch den Aufbau eigener Kapazitäten Marktanteile auf
den Weltmärkten zu gewinnen. Auch sahen sie sich durch die
sich in den 80er Jahren verschärfende internationale Ver-
schuldungslage veranlaßt, Produktion und Exporte zur Ver-
besserung ihrer Devisenerlöse auszuweiten.

Wie Tabelle 2.23 zeigt, haben sich die Anteile der Entwicklungsländer an der Welterzeugung mineralischer Rohstoffe im
allgemeinen erhöht. Zwar nimmt auch der Verbrauch in den
Entwicklungsländern überproportional zu, doch wird er meist
von der Eigenproduktion dieser Ländergruppe deutlich über-
troffen. Der davon auf die internationalen Märkte ausstrah-
lende Angebotsdruck wurde in jüngster Zeit durch die Expansion des Bergbaus in den Staatshandelsländern (vgl. Tabelle
2.23) - insbesondere in der Volksrepublik China - und der
Veränderung ihrer Nettoposition auf den Weltmärkten noch
verstärkt (vgl. Metallgesellschaft, 1987, S. I. f.). Im
Gegensatz zu den allgemeinen Strukturgewinnen der Dritten
Welt im Weltbergbau ist die Position Schwarzafrikas rückläufig; eine Ausnahme bilden unter den in Tabelle 2.23
aufgeführten mineralischen Rohstoffen lediglich die Förderung von Bauxit, Roheisen und Nickel.

Während die westlichen Industrieländer die Erzeugung auf
dem Stahlmarkt seit 1973 um rd. ein Fünftel eingeschränkt
haben, haben die Entwicklungsländer trotz der weltweit
bestehenden Überkapazitäten ihre Produktion mehr als ver-
doppelt, um die Eigenversorgung bei diesem Massenprodukt zu
erhöhen. In den Industrieländern schreitet demgegenüber der

Tabelle 2.23: Weltförderung ausgewählter mineralischer Rohstoffe, nach Ländergruppen, 1973 und 1986 (in %)

Rohstoff	Entwicklungsländer 1973	1986	darunter: Schwarzafrika 1973	1986	Staatshandelsländer 1973	1986	Industrieländer 1973	1986
Eisenerz (Fe-Inhalt)	26,5	28,2	6,5	3,3	31,8	41,6	41,7	30,2
Roheisen	4,4	10,3	0,06	0,08	29,9	39,5	65,7	50,2
Rohstahl	4,6	11,1	0,10	0,09	29,5	37,2	65,9	51,7
(Rohstahl) a)	9,0	15,0						
Bauxit (Al-Inhalt)	51,4	46,5	6,7	18,7	15,2	11,8	33,4	41,7
Tonerde (Al-Inhalt)	21,1	23,6	2,2	1,6	16,9	20,2	62,0	56,2
Aluminium	6,7	19,5	1,1	1,3	21,1	21,3	72,2	59,2
(Aluminium) a)	6,3	15,1						
Kupfererz	39,8	46,4	17,5	13,3	19,6	23,0	40,6	30,5
Hüttenkupfer	30,8	39,1	16,7	12,9	20,2	24,2	49,0	36,7
Raffinadekupfer	19,3	28,0	10,8	7,4	21,5	24,4	59,2	47,6
(Raffinadekupfer) a)	9,5	15,0						
Bleierz	24,5	24,4	2,5	1,3	28,2	29,6	47,3	46,0
Raffinadeblei	13,8	16,1	1,3	1,0	24,8	25,6	61,3	58,3
(Raffinadeblei) a)	10,8	14,5						
Zinkerz	21,7	24,5	3,0	2,5	25,4	25,1	52,9	50,3
Hüttenzink	6,9	14,8	2,1	1,3	27,1	27,0	66,1	58,2
(Rohzink) a)	8,7	16,7						
Zinnerz	75,1	67,4	6,4	2,7	16,4	23,7	8,6	9,0
Hüttenzinn	55,1	62,3	3,5	0,7	16,0	21,4	29,0	16,3
(Rohzinn) a)	10,9	16,8						
Nickelerz	25,8	29,6	1,7	3,8	23,8	30,6	50,4	39,8
Hüttennickel	12,3	16,2	1,7	2,2	25,1	31,5	62,6	52,2
(Rohnickel) a)	5,1	8,5						
Rohöl	60,0	45,8	4,2	3,8	15,7	26,1	24,4	28,1
(Rohöl) a)	14,6	19,9						

a) Nachrichtlich: Anteil der Entwicklungsländer am Weltverbrauch (jeweils anknüpfend an die letzte angegebene Produktionsstufe).

Quelle: Metallgesellschaft, Metallstatistik, laufende Jahrgänge, Frankfurt/M.; UNCTAD, Commodity Yearbook 1986, New York 1987; International Iron and Steel Institute, Steel Statistical Yearbook, laufende Jahrgänge, Brüssel; eigene Berechnungen.

Kapazitätsabbau und die Konzentration auf Spezialstähle voran. Auch bei NE-Metallen wurde die Erzeugung in Entwicklungsländern stark ausgeweitet. Vor allem auf der Hütten- und Raffinadestufe erhöhte sich der Weltmarktanteil der Entwicklungsländer kräftig.

Auf den internationalen Rohölmärkten haben sich die Marktanteile ebenfalls stark verschoben. Infolge der stark gestiegenen Energiepreise und der ergriffenen versorgungspolitischen Maßnahmen kam es in den Industrieländern zu einer starken Verringerung des Ölverbrauchs. Bei gleichzeitig steigender eigener Versorgung – insbesondere durch Nordseeöl – verringerte sich ihr Importbedarf an Rohöl aus den OPEC-Ländern seit 1973 um rd. 40 % und dies führte zu einem Rückgang des Anteils der OPEC an der Weltrohölförderung von 55 % (1973) auf 32 % (1986). Demgegenüber konnten die nicht der OPEC angehörenden Entwicklungsländer ihren Anteil von 5 % auf 14 % ausweiten! Hinzu kam, daß – entgegen in den 70er Jahren vorgelegten Prognosen – die UdSSR in den 80er Jahren nicht als Nettoimporteur von Rohöl auf den Weltmärkten auftrat, sondern weiterhin Exporteur blieb. All dies verschärfte den Angebotsdruck, der schließlich 1986 zum Kollaps der Ölpreise führte.

2.5 Neue Weltwirtschaftsordnung im Rohstoffbereich

2.5.1 Rohstoffabkommen im Zeichen der UNCTAD

Angesichts der besonderen Probleme des Rohstoffbereichs, vor allem der heftigen Preis- und Erlösschwankungen, haben die Entwicklungsländer in der Vergangenheit immer wieder versucht, diese Märkte durch internationale Vereinbarungen zu regulieren. Während entsprechende Verhandlungen im Handelsbereich 1947 zur Gründung des Allgemeinen Zoll- und Handelsabkommens führten, konnte ein auch die Rohstoffprob-

leme umfassendes Abkommen nicht verwirklicht werden. Das
Kapitel VI zum Rohstoffbereich (die sogenannte "Havanna-
Charta") wurde nicht ratifiziert und erlangte keine unmit-
telbare Rechtsverbindlichkeit. Gleichwohl wurden die Be-
stimmungen dieses Kapitels richtungsweisend für die weitere
Entwicklung der internationalen Rohstoffabkommen.

Angesichts der divergierenden Interessen der Rohstofferzeu-
gerländer und -verbraucherländer konnten in der Nachkriegszeit bislang nur wenige internationale Rohstoffabkommen
unter Beteiligung beider Seiten geschlossen werden. Diese
Abkommen konnten jedoch nur eine sehr begrenzte Wirksamkeit
entfalten, da wegen der Interessengegensätze der Mitglieder
die wirtschaftlichen Klauseln zur Stützung der Preise oft
ausgesetzt oder zeitweise gar mißachtet wurden.

Einen Wendepunkt in der Diskussion um die Regulierung der
internationalen Rohstoffmärkte markieren die Konferenzen,
die 1974 und 1975 von den Vereinten Nationen abgehalten
wurden. Mit dem breit angelegten Konzept für ein "Inte-
griertes Rohstoffprogramm" haben die Entwicklungsländer
1974 einen neuen Vorstoß unternommen, die Probleme im Rohstoffbereich durch internationale Abkommen zu lösen. Zur
Dämpfung der Preisschwankungen sollen Mittel im Rahmen
eines "Gemeinsamen Fonds" für 18 Rohstoffe bereitgestellt
werden (vgl. v. Pilgrim, 1977). Dieses Programm steht seitdem im Mittelpunkt der Diskussion um die internationale
Rohstoffpolitik und war immer wieder eines der zentralen
Themen der alle vier Jahre stattfindenden Welthandels- und
Entwicklungskonferenzen im Rahmen der UNCTAD.

Im Widerstreit der Interessen zwischen Entwicklungsländern
und Industrieländern zogen sich die Verhandlungen in die
Länge. Die im Rahmen von Rohstoffabkommen ergriffenen Maßnahmen zur Stabilisierung der Preise können nur unter be-

sonderen Umständen und Marktkonstellationen - wie sie zum
Beispiel bei konjunkturell bedingten Nachfrageschwankungen
auf den Metallmärkten gegeben sein dürften - auch zu einer
Stabilisierung der Exporterlöse beitragen und den Entwicklungsländern insofern von Nutzen sein (zur Überprüfung der
rohstoffpolitischen Konzepte vgl. v.a. Kebschull u.a.,
1977a, und Baron u.a., 1977). Unter Allokationsaspekten
hingegen lassen die Eingriffe in die Preisbildung - und vor
allem die Einwirkung auf die Preishöhe - langfristig Ver-
zerrungen mit der Tendenz zu hohen Produktionsüberschüssen
erwarten (vgl. Baron u.a., 1977, S. 49 ff.), wie dies das
Internationale Zinnabkommen gerade wieder veranschaulicht
hat (siehe unten).

Vergleicht man die nach langen Verhandlungen 1979 erreichte
Einigung über den "Gemeinsamen Fonds" des "Integrierten
Rohstoffprogramms" mit den ursprünglich vorgetragenen Fi-
nanzierungswünschen, so ist es zu erheblichen Abstrichen
gekommen. Im Konzept von 1974 war die Errichtung von Buf-
ferstocks mit 10 bis 13 Mrd. US-$ vorgesehen. Angesichts
der Finanzierungsprobleme legte die UNCTAD 1975 neue Berechnungen vor, wobei das Finanzvolumen nur noch mit 3 bis
6 Mrd. US-$ angesetzt wurde. Doch im Kompromiß von 1979
waren zur Finanzierung von Rohstofflagern zur Dämpfung von
Preisschwankungen lediglich 400 Mill. US-$ vorgesehen, die
über Beiträge der Staaten sowie über Einlagen aus einzelnen
Rohstoffabkommen finanziert werden sollten. Zur Finanzierung von Entwicklungsprojekten in Entwicklungsländern,
insbesondere von Projekten zur Diversifizierung in andere
Güterbereiche, sollen durch freiwillige Beiträge von
finanzstarken Ländern weitere 350 Mill. US-$ aufgebracht
werden. Bis Mitte des Jahres 1988 gelang es jedoch nicht,
den "Gemeinsamen Fonds" des Integrierten Rohstoffprogramms
zu verwirklichen: Nach der schrittweise erfolgten Ratifi-
zierung wurden im Mai 1988 zwar die erforderlichen zwei

Drittel für die Kapitalzeichnung endlich erreicht, doch ist
nach den langen Jahren der Zeitverzögerung die Verwirk-
lichung des "Gemeinsamen Fonds" erneut offen und bedarf
neuer Verhandlungen.

Über die bereits früher bestehenden Internationalen Rohstoffabkommen für Weizen, Zucker, Kaffee, Kakao, Olivenöl
und Zinn hinaus konnten seit 1974 lediglich für Naturkautschuk, tropisches Holz und Jute neue Abkommen geschlossen
werden. Bei den einzelnen Abkommen mußten allerdings die
marktregulierenden Instrumente wie Bufferstock-Mechanismus
und Exportquoten angesichts der Interessengegensätze der
Erzeuger- und Verbraucherländer sowie der aufgetretenen
Finanzierungsprobleme immer wieder außer Kraft gesetzt
werden (vgl. UNCTAD, 1974). Außer für Zinn konnten bislang
für keine mineralischen Rohstoffe Abkommen vereinbart werden. Als wichtige lagerfähige Rohstoffe sollen entsprechend
dem Konzept der UNCTAD darüber hinaus Abkommen für Kupfer,
Bauxit und Aluminium, Zink, Blei und Eisenerz herbeigeführt
werden (vgl. v. Pilgrim, 1985); in der auf 10 "Kernroh-
stoffe" des Jahres 1975 gekürzten Liste sind lediglich
Kupfer und Zinn enthalten (vgl. UNCTAD, 1975).

Um die Preise durch den Bufferstock-Mechanismus in einem
breiteren oder engeren Band von rd. $\pm$ 15 % bis $\pm$ 20 % um
einen mittleren Preis zu stabilisieren, werden nach 1974
und 1975 von der UNCTAD vorgelegten Berechnungen Vorräte in
Höhe von 12,5 % bis 25 % des Weltexportvolumens für erforderlich gehalten. Erfahrungsgemäß wäre nach UNCTAD-Berech-
nungen bei Kupfer und Zinn eine Vorratshaltung im mittleren
Umfang - also rd. 19 % der Weltvorräte - erforderlich, bei
den übrigen Rohstoffen wird die untere Quote von 12,5 % für
ausreichend gehalten.[1] Unter diesen Umständen rechnete
die UNCTAD damals unter Zugrundelegung von Durchschnitts-

---

1) Zu den zu unterschiedlichen Mengen- und Preisannahmen
   durchgeführten Kostenschätzungen, vgl. v. Pilgrim, 1977,
   S. 14 ff.

preisen der Jahre 1970-74 bei metallischen Rohstoffen mit
folgenden Anschaffungspreisen für den Aufbau von Buffer-
stocks (in Mill. US-$):

Kupfer	854
Zinn	194
Blei	91
Zink	273
Bauxit	47
Aluminium	83
Eisenerz	286
insgesamt rd.	1 800

Bis heute (März 1988) gab oder gibt es nur drei internationale Rohstoffabkommen, die mit einem Bufferstock ausgestattet sind: die Abkommen für Zinn sowie für Kakao und
Naturkautschuk. Lediglich das Abkommen für Naturkautschuk
ist noch funktionsfähig. Das Kakao-Abkommen mußte nach
Aufkauf der maximal im Abkommen vorgesehenen Vorräte seine
Aktionen einstellen – ein Preiskollaps war die Folge. Das
Zinnabkommen ist nach umfangreichen Zinnkäufen und der dann
eigetretenen Zahlungsunfähigkeit des Bufferstocksmanagers
in spektakulärer Weise im Herbst 1986 zusammengebrochen.
Der Preis, der durch Stützungskäufe des Abkommens lange
Jahre auf überhöhtem Niveau gehalten worden war, kollabier-
te: Noch zu Jahresbeginn 1985 war Zinn in London zu rd.
10 000 £ je t notiert worden; nach Zahlungsunfähigkeit des
Bufferstockmanagers mußte der Zinnhandel an der Londoner
Börse am 21. Oktober 1985 bei einem Preis von 8 140 £ je t
suspendiert werden, er bewegt sich seitdem im europäischen
Freihandel bei rd. 4 000 £ je t.

Die Phase der hohen Zinnpreise hat den Verbrauch nachhaltig
gedämpft und die Einspar- und Substitutionsbemühungen gefördert: Seit 1973 ist der Rohzinnverbrauch rückläufig und
bis 1986 um 15 % gesunken. Seit zwei Jahren versuchen die
Erzeugerländer, durch Export- und Produktionsbegrenzungen
den Überschuß auf den Weltmärkten abzubauen – ein Prozeß,
der voraussichtlich noch bis Ende 1989 dauern wird.

Die Zinnkrise und ihre unbereinigten Folgen an der Londoner Metallbörse schweben noch immer. Für die eingegangenen Verbindlichkeiten des Bufferstocksmanagers konnten die Gläubiger bislang keine Deckung finden. Das Scheitern des Zinnabkommens, eines lange für Bufferstock-Regulierungen angeführten Paradebeispiels, hat den Gegnern solcher Abkommen neue Argumente gegeben - und wird sicherlich weitere Bemühungen in dieser Richtung erschweren. Insbesondere beleuchtet der Zusammenbruch des Zinnabkommens die Schwierigkeit, den Mittelpreis und das Preisband des Abkommens auf der "richtigen" Höhe festzulegen. Hierüber gibt es zwischen den Vertretern der Erzeuger- und der Verbraucherländer immer wieder unüberbrückbare Divergenzen, wie die Geschichte der einzelnen Abkommen zeigt. Langfristig läßt sich das Preisband nicht gegen die Kräfte des Marktes verteidigen - bei fallendem Preistrend für die Erzeugerländer ein um so schwerwiegenderer Tatbestand.

2.5.2 Stabilisierung der Exporterlöse

In der Diskussion um die Neuordnung des internationalen Rohstoffhandels ist immer wieder die mangelhafte Eignung der Rohstoffabkommen als Instrument zur Preisstabilisierung und - darauf zielen ja letztlich die Abkommen - als Instrument zur Erlösstabilisierung kritisiert worden. Im Rahmen des Internationalen Währungsfonds ist bereits im Jahre 1969 eine Kreditfazilität zur Stabilisierung der Exporterlöse geschaffen worden, die Kompensatorische Finanzierungsfazilität. Bei kurzfristigen Rückgängen der allgemeinen Exporterlöse (also nicht nur gewisser Gütergruppen) können unter bestimmten, im Jahre 1983 erheblich verschärften, Bedingungen binnen fünf Jahren rückzahlbare, zu verzinsende Kredite aufgenommen werden. Bis Ende 1987 wurden im Rahmen dieser Fazilität Kredite in Höhe von 16,1 Mrd. SZR (etwa 21 Mrd. US-$) ausgegeben; im Jahresdurchschnitt entspricht dies rd. 1,2 Mrd. US-$. Dabei wurden 96 % der Mittel von Entwicklungsländern, 20 % von der Region Schwarzafrika, in Anspruch genommen.

Demgegenüber ist das System der Exporterlösstabilisierung in den mittlerweile drei Abkommen von Lomé sowohl regional als auch gütermäßig begrenzt: Es umfaßt die Vertragspartner der EG-Länder im afrikanischen, karibischen und pazifischen Raum und bezieht sich nur auf Erlösausfälle bei Rohstoff- exporten. Die Kredite sind zinslos, die am wenigsten ent- wickelten Länder erhalten Zuschüsse (zur Beurteilung der Abkommen vgl. Osterkamp, 1978, und Hewitt, 1987). In den drei Abkommen für 1975 bis 1980, 1980 bis 1985 und 1985 bis 1990 wurden für die Stabilisierung der Exporterlöse (Sta- bex) vorgesehen:

Lomé I : 375 Mill. RE,
Lomé II : 557 Mill. ECU,
Lomé III: 925 Mill. ECU.

Für die Stabilisierung der Exporterlöse wurden in den Lomé- Abkommen erheblich umfangreichere Mittel bereitgestellt als im Rahmen des Integrierten Rohstoffprogramms und des Ge- meinsamen Fonds. Für den Zeitraum von 1985 - 1990 belaufen sie sich beispielsweise bei Lomé III auf 925 Mill. ECU (rd. 1,2 Mrd. US-$), beim Gemeinsamen Fonds dagegen nur auf 400 Mill. US-$. Der Schwerpunkt der Empfängerländer lag und liegt bei den Lomé-Abkommen in Afrika südlich der Sahara.

Lediglich das erste Lomé-Abkommen (Lomé I) bezog auch den Bereich mineralischer Rohstoffe mit ein, beschränkte sich dabei allerdings auf Eisenerz. Zwischen 1975 und 1980 wur- den Mittel in Höhe von 61,8 Mill. ECU zur Verfügung ge- stellt, die ausschließlich Eisenerzexporteuren in Afrika südlich der Sahara zugeflossen sind: Mauretanien 37,0 Mill.

ECU, Swasiland 13,2 Mill. ECU, Liberia 7,6 Mill. ECU und
Sierra Leone 4,0 Mill. ECU (vgl. Kommission der EG, Gesamtbericht, div. Jgg.). Nach dem ersten Lomé-Abkommen wurde
für den Bergbaubereich ein eigenes Stabilisierungsprogramm
geschaffen, das in Kapitel 6 behandelt wird (siehe 6.3.2).

Positiv beurteilt wurde von Entwicklungsländern immer wieder die im Stützungsmechanismus angelegte Automatik der
Ausgleichszahlungen. Darüber hinaus werden die besonders
armen AKP-Länder bevorzugt behandelt. Allerdings weisen die
Lomé-Abkommen mit ihrem regionalen Geltungsbereich einen
gravierenden Nachteil auf: Einzelnen Ländergruppen innerhalb der Dritten Welt werden Präferenzen zugestanden und
andere Länder entsprechend benachteiligt. Diese Sonderbe-
handlung widerspricht sowohl dem Sinn des GATT als auch den
Intentionen einer neuen Weltwirtschaftsordnung.

2.6 Zusammenfassung

Die noch immer starke Abhängigkeit der Entwicklungsländer
vom Rohstoffsektor wirkt sich vor allem für die Entwicklungsländer Schwarzafrikas mit ihrer besonders augeprägten
Abhängigkeit von mineralischen Rohstoffexporten nachteilig
aus. Die Preissteigerungen im Ölbereich mit ihren günstigen
Auswirkungen auf die Exporterlöse sind nur den wenigen
bedeutsamen Rohölexporteuren Schwarzafrikas zugute gekommen, während die energiearmen und erdölimportierenden Entwicklungsländer der Region unter der Last der höheren Im-
portkosten für Energieträger leiden. Dies gilt auch heute
noch, obwohl mit dem Rückgang der Rohölpreise und der Energiepreise ganz allgemein um die Mitte der 80er Jahre
wieder eine Umkehr in diesen Entwicklungen eingetreten
ist.

Ganz besonders abhängig sind die Entwicklungsländer
Schwarzafrikas von der Produktion und vom Export mineralischer Rohstoffe. Obwohl die Bedeutung von Erzen und Metallen für Schwarzafrika - im Gegensatz zur Entwicklung der
Weltmarktposition der anderen Entwicklungsländer - in den
letzten zwei Jahrzehnten stark zurückgegangen ist, zählt
diese Warengruppe nach wie vor zu den wichtigsten Exportgütern (vgl. Tabelle 2.14). Neben der Abhängigkeit von konjunkturell bedingten Erlösschwankungen bei diesen Gütern
sind die Bergbauländer Schwarzafrikas vor allem von der im
Vergleich zu anderen Exportgütern ungünstigen Absatz- und
Preisentwicklung von Erzen und Metallen betroffen. Während
der Welthandel mit verarbeiteten Produkten auch nach dem
Wachstumseinbruch seit Beginn der 70er Jahre noch um gut
5 % pro Jahr real zunimmt, stagniert der Handel mit mineralischen Industrierohstoffen nahezu (vgl. Tabelle 2.7).
Hinzu kommt erschwerend für die Bergbauländer Schwarzafrikas, daß die realen Preise für mineralische Rohstoffe seit
1970 um mehr als ein Drittel gesunken sind (vgl. Tabelle
2.10) und sich ihre Erlössituation im Vergleich zum Welthandel mit verarbeiteten Erzeugnissen entsprechend verschlechtert hat.

Die Analyse der auf die Weltmärkte für mineralische Rohstoffe einwirkenden Nachfrage- und Angebotseinflüsse zeigt,
daß hier zahlreiche weitgehend gleichgerichtete Baissefaktoren zusammenwirken. Die auf diesen Märkten auftretenden
Probleme lassen sich auch durch Maßnahmen, wie sie im
Rahmen der Diskussion um eine neue Weltwirtschaftsordnung
diskutiert werden, langfristig nicht lösen. Internationale
Rohstoffabkommen scheitern immer wieder an der Schwierigkeit, den Mittelpreis und das Preisband auf der "richtigen"
Höhe festzulegen, um eine Fehlleitung von Ressourcen zu
vermeiden. Maßnahmen, wie sie zum Beispiel mit der Exporterlösstabilisierung im Rahmen des Lomé-Abkommens verwirk-

licht wurden, sind wegen ihres regionalen Geltungsbereichs mit der Handelsordnung des GATT nicht vereinbar. Weder internationale Rohstoffabkommen noch die vorgeschlagenen Maßnahmen zur Stabilisierung der Exporterlöse setzen an den Ursachen der längerfristig wirkenden Baissfaktoren an und können daher allenfalls kurzfristig auftretende Krisen und Einnahmeschwankungen überbrücken.

3. Mangelnde Diversifizierung der Exportstruktur

In ihren längerfristigen Entwicklungsplänen haben die an mineralischen Rohstoffen reichen Entwicklungsländer Afrikas südlich der Sahara immer wieder betont, daß sie der Diversifizierung der Wirtschaft besonders hohe Priorität einräumten. Damit sollte die einseitige Abhängigkeit vom Bergbausektor gelockert, die Enklavenwirtschaft überwunden und ein höheres Maß an wirtschaftlicher Stabilität gewährleistet werden.

Die These von der mangelnden Diversifizierung besagt, daß während der vergangenen Jahrzehnte bei den an mineralischen Rohstoffen reichen Ländern in Afrika südlich der Sahara keine oder keine nennenswerte Diversifizierung der Wirtschaft, insbesondere des Exportsektors, eingetreten ist. Deshalb hat sich der Rückgang der Weltmarktpreise für mineralische Rohstoffe auf diese Ländergruppe besonders nachteilig ausgewirkt.

Im folgenden wird geprüft, inwieweit die These von der mangelnden Diversifizierung berechtigt ist, und welche Gründe dafür (gegebenenfalls) ausschlaggebend gewesen sind. Neben Bergbau- und Erdölländern werden zu Vergleichszwecken auch Agrarländer in die Analyse einbezogen, wobei Sambia, beispielhaft für die Bergbauländer, und Nigeria, beispielhaft für die Erdölländer, besonders eingehend behandelt werden.

Die einzelnen Gruppen setzen sich aus folgenden Ländern zusammen:

- Bergbauländer: Guinea (Bauxit), Mauretanien und Liberia (beide Eisenerz), Niger (Uranerz) sowie Zaire und Sambia (beide Kupfererz). Zusammen repräsentieren sie (1984) rund vier Fünftel der gesamten Exporte Afrikas südlich der Sahara von Erzen und Rohmetallen.

- Erdölländer: Nigeria, Kamerun und Kongo. Auf sie entfallen (1984) rund vier Fünftel der gesamten Rohölexporte Afrikas südlich der Sahara. Zwei weitere bedeutende Förderländer dieser Region blieben unberücksichtigt: Gabun wegen der sehr niedrigen Bevölkerungsanzahl (weniger als 1,5 Mill. Einwohner) und Angola wegen unzureichender Datenbasis.

- Agrarländer: Kenia, Madagaskar, Malawi, Sudan und Tansania.

Daß gerade für die Bergbauländer (einschließlich der Erdölländer) ein niedriger Diversifizierungsgrad des Exports besonders nachteilig oder mit einem sehr hohen Maß an außenwirtschaftlicher Instabilität verbunden ist, liegt an den teilweise extrem starken Schwankungen der Weltmarktpreise, denen mineralische Rohstoffe (im Vergleich zu landwirtschaftlichen und insbesondere zu industriellen Erzeugnissen) ausgesetzt sind. Dazu trägt, neben anderen Faktoren, vor allem die auf kurze und mittlere Sicht sehr niedrige Preiselastizität des Angebots bei (vgl. Hogendorn 1987, S. 447 ff.).

Ein wesentlicher Grund für die niedrige Preiselastizität des Angebots sind die extrem hohen fixen Kosten, wie sie für den Bergbau typisch sind. Dazu ein Beispiel: Den Ausgangspunkt bildet der Preis P_0, der dem Grenzbetrieb (Betrieb mit den ungünstigsten Produktionsbedingungen) eine volle Auslastung der Produktionskapazität ermöglicht und die gesamten (fixen und variablen) Stückkosten gerade noch deckt. Daneben wird unterstellt, daß die Grenzkosten bis zur Kapazitätsgrenze konstant verlaufen, und somit das

Grenzunternehmen, je nach Preisniveau, die Kapazität entweder voll nutzt oder den Betrieb einstellt.

Relativ hohe fixe Kosten äußern sich darin, daß (bei voller Kapazitätsauslastung) die variablen Stückkosten (gleich Grenzkosten) im Vergleich zu den gesamten Stückkosten verhältnismäßig niedrig sind. Ausgehend vom Niveau P_o, das den gesamten Stückkosten entspricht, muß deshalb der Preis relativ stark zurückgehen, bis er die Grenzkosten erreicht (leicht unterschreitet), das Grenzunternehmen die Produktion stillegt, und das Angebot des betreffenden Produktionsbereichs um die Kapazität des Grenzunternehmens eingeschränkt wird. Demzufolge reagiert das Angebot bei hohen fixen Produktionskosten (im Vergleich zu niedrigen) auf Preisrückgänge verhältnismäßig unelastisch.

3.1 Grad der Diversifizierung

Als Maßstab für den Grad der Diversifizierung der Exportstruktur wird im folgenden der (prozentuale) Anteil der Primärgüterexporte an den gesamten Exporten verwendet. Die Gruppe der Primärgüter umfaßt (nach der Einteilung der UNCTAD und auf der Grundlage der Standard International Trade Classification, SITC, Revision 2) folgende Warenkategorien:

- agrarische Primärgüter: Nahrungsmittel und lebende Tiere (SITC 0), Getränke und Tabak (1), landwirtschaftliche Rohstoffe (2, ohne 27, 28, 233, 266 und 267), tierische und pflanzliche Öle, Fette und Wachse (4);

- mineralische Primärgüter: mineralische Rohstoffe, ohne Erze und Brennstoffe (27), metallurgische Erze (28), NE-Metalle (68), Schmucksteine (667) und mineralische Brennstoffe (3).

Die Gruppe der Primärgüter reicht zwar über den Bereich der
landwirtschaftlichen und mineralischen Rohstoffe hinaus,
setzt sich aber, von geringfügigen Ausnahmen abgesehen, nur
aus solchen Gütern zusammen, die entweder keine oder nur
eine sehr geringe industrielle Weiterverarbeitung erfahren
haben.

3.1.1 Diversifizierung in den Ländergruppen

In allen drei Ländergruppen, den Bergbau-, Erdöl- und
Agrarländern, machte (1984) der Export von Primärgütern
mehr als 90 % der gesamten Warenexporte aus (vgl. Tabelle
3.1). Folglich ist in jeder Ländergruppe, unabhängig davon,
ob sie über umfangreiche mineralische Rohstoffvorkommen
verfügt oder nicht, der Diversifizierungsgrad der Exporte
noch sehr niedrig. Dies wird besonders deutlich, wenn zum
Vergleich andere, weiter fortgeschrittene Entwicklungsländer herangezogen werden. So entfallen beispielsweise in
Thailand und Brasilien nur noch knapp zwei Drittel der
gesamten Warenexporte auf die Ausfuhr von Primärgütern und
entsprechend schon gut ein Drittel auf die Ausfuhr von
verarbeiteten Erzeugnissen.

Zwischen den drei Ländergruppen bestehen im Diversifizie-
rungsgrad zwar Unterschiede, aber ihr Ausmaß ist verhält-
nismäßig gering. Den höchsten Exportanteil erreichen die
Primärgüter in den Bergbauländern (96,6 %), dann folgen die
Erdölländer (94,4 %) und die Agrarländer (91,1 %). Die
Annahme, daß die an mineralischen Rohstoffen reichen Länder
Afrikas südlich der Sahara eine sehr wenig diversifizierte
Exportstruktur aufweisen, wird von den obigen Ergebnissen
bestätigt. Allerdings unterscheiden sie sich darin von den
Agrarländern, für die eine geringe Exportdiversifizierung
ebenfalls ein typisches Merkmal ist, nur graduell und
keineswegs wesentlich.

Tabelle 3.1: Anteil der Primärgüterexporte an den gesamten
Exporten in ausgewählten Ländergruppen[a], 1984
(in %)

Export	Bergbau-länder	Erdöl-länder	Agrar-länder
gesamte Exporte	100,0	100,0	100,0
Primärgüterexporte	96,9	94,4	91,1
agrarische	22,7	16,7	81,6
mineralische	74,2	77,7	9,5

a) Ungewichtete Durchschnitte der Bergbauländer Sambia,
Zaire, Guinea, Mauretanien, Niger und Liberia, der
Erdölländer Nigeria, Kamerun und Kongo sowie der
Agrarländer Kenia, Madagaskar, Malawi, Sudan und
Tansania.

Quelle: UN, International Trade Statistics, Yearbook
1984.

3.1.2 Diversifizierung in Sambia und Nigeria

Für Sambia und Nigeria wird der Grad der Exportdiversifizierung auf verschiedenen Ebenen oder mit verschiedenen
Indikatoren analysiert: erstens, mit der Verteilung der
Exporte auf Primärgüter und verarbeitete Güter, zweitens,
mit der Verteilung der Primärgüterexporte auf mineralische
und agrarische Primärgüter und drittens, mit der Verteilung
der mineralischen Primärgüterexporte auf einzelne Güterarten (Erze, Metalle, Rohöl oder Rohölerzeugnisse). Dabei
gilt: Die Exportstruktur eines Bergbau- oder Erdöllandes
ist dann extrem wenig diversifiziert, wenn erstens die
Primärgüter (landwirtschaftlichen und mineralischen Ursprungs) einen sehr hohen Anteil an den gesamten Exporten
haben, zweitens die Primärgüterexporte fast ausschließlich
in der Ausfuhr mineralischer Primärgüter bestehen und drittens sich diese aus wenigen Güterkategorien, im Extremfall
aus einer einzigen, zusammensetzen.

Diese für einen äußerst niedrigen Diversifizierungsgrad charakteristischen Bedingungen liegen sowohl in Sambia als auch in Nigeria vor.

- Sambia: Die Exporte bestehen (1984) zu rd. 94 % in Primärgütern; diese sind zu fast 100 % mineralischen Ursprungs und setzen sich zu 87 % aus Kupfer zusammen. Sambia nimmt (ebenso wie Guinea) unter den Bergbauländern insofern eine extreme Position ein, als es (im Gegensatz zu Mauretanien, Zaire, Liberia und mit Abstrichen auch zu Nigeria) keinerlei agrarische Primärgüter ausführt.

- Nigeria: Die Einseitigkeit der Exportstruktur ist in Nigeria fast noch stärker als in Sambia. So entfallen (1984) rd. 99 % der gesamten Exporte auf Primärgüter und davon 97 % auf mineralische (3 % auf agrarische), wobei es sich fast ausschließlich um Rohöl handelt. Die in Nigeria vorherrschende Situation ist auch typisch für den Kongo, unterscheidet sich jedoch wesentlich von der Kameruns, das neben Rohöl auch in größerem Ausmaß agrarische Primärgüter ausführt.

Die Ergebnisse für Sambia und Nigeria über den aktuellen Stand der Diversifizierung lassen auch eine (beschränkte) Aussage über deren (zeitlichen) Verlauf zu. Sie belegen eindeutig, daß es Sambia und Nigeria bisher nicht gelungen ist, ihre Exportstrukturen in nennenswertem Ausmaß zu diversifizieren. Auf eine andere Frage geben sie jedoch keine Antwort: Ist im Laufe der Zeit nicht sogar das Gegenteil einer Diversifizierung, eine weitere Konzentration der Exportstruktur, eingetreten? Diese Frage ist, wie sich später noch zeigen wird, von nicht unerheblicher Bedeutung, so daß es trotz der bisher erzielten Ergebnisse erforderlich ist, auch die Entwicklung der Exportstrukturen der beiden Länder im Zeitablauf zu analysieren.

Der Grad der Exportdiversifizierung in einem Bergbau- oder Erdölland kann, wie das gewöhnlich auch geschieht, am Anteil der Exporte von mineralischen Rohstoffen an den gesamten Exporten gemessen werden. Dabei signalisiert, im Rahmen eines Zeitvergleichs, eine Zunahme (Abnahme) dieses Anteils einen sinkenden (steigenden) Diversifizierungsgrad. Problematisch ist, daß der Diversifizierungsgrad auch von den zyklischen Preisentwicklungen bei mineralischen Rohstoffen beeinflußt wird. Im Verlauf einer Preishausse geht - ceteris paribus - der Grad der Diversifizierung zurück, im Verlauf einer Preisbaisse steigt er an. Dieser besonders bei Zeitvergleichen störende Einfluß wird ausgeschaltet, wenn man von der realen Entwicklung der Exporte (d.h. von konstanten Preisen) ausgeht.

In diesem Fall verändert sich der Diversifizierungsgrad, sofern die reale Entwicklung der Exporte mineralischer Rohstoffe einen anderen Verlauf nimmt als die der übrigen Exporte oder (eine analoge Aussage) als die der gesamten Exporte. Wird von einem realen Rückgang der Exporte mineralischer Rohstoffe abgesehen, so kann ein höherer Diversifizierungsgrad nur erreicht werden, wenn die übrigen Exporte überdurchschnittlich rasch zunehmen.

Reales Wachstum der nicht in mineralischen Rohstoffen bestehenden Exporte ist somit eine notwendige, wenn auch keine hinreichende Voraussetzung für eine stärkere Diversifizierung. Ist sie nicht erfüllt, so folgt zwingend, daß der Diversifizierungsgrad abgenommen hat oder allenfalls gleich geblieben ist.

Eine von der Ausfuhr mineralischer Rohstoffe bestimmte Exportstruktur kann grundsätzlich auf folgende Weise diversifiziert werden:

- durch (real) wachsende Exporte von industriellen Fertigerzeugnissen;

- durch (real) wachsende Exporte von Agrarprodukten.

Als ein Spezialfall der ersten Alternative ist eine im
Förderland erfolgende Weiterverarbeitung mineralischer
Rohstoffe und deren (mittelbarer) Export in der Form industrieller Fertigerzeugnisse anzusehen. Diese Aspekt bildet den Gegenstand eines eigenen Kapitels und wird daher an
dieser Stelle nicht näher erörtert.

Die beiden oben angeführten Alternativen sind jedoch hinsichtlich der Stabilisierung der Exporterlöse nicht gleich-
wertig; denn, anders als industrielle Fertigwaren, unterliegen Agrarprodukte (neben eratischen) auch starken zyklischen Schwankungen der Weltmarktpreise, die in ihrer zeitlichen Anordnung weitgehend mit denen bei mineralischen
Rohstoffen übereinstimmen. Eine Diversifizierung der Exporte durch vermehrte Agrarexporte trägt somit nur in begrenztem Maße und insofern zu einer stärkeren Stabilisierung der
Exporterlöse bei, als die Preisschwankungen bei Agrarprodukten nicht so akzentuiert wie bei mineralischen Rohstoffen sind, und sich die beiden Zyklen zeitlich doch nicht
vollständig decken, so daß in gewissem Grade ein Kompensa-
tionseffekt eintritt.

- Export industrieller Fertigerzeugnisse

In Sambia wie auch in Nigeria hat der Export industrieller Fertigerzeugnisse während des gesamten Beobachtungszeitraums nie eine auch nur annähernd nennenswerte Bedeutung besessen. Daran hat sich auch in jüngster Zeit
nichts geändert. Die für eine stärkere Diversifizierung
der Exportstruktur notwendige Voraussetzung, real wach-

sende Ausfuhr industrieller Fertigerzeugnisse war folglich nicht gegeben.

- Export landwirtschaftlicher Erzeugnisse

Der Verlauf der realen Agrarexporte wird am Volumen (an
der Menge) der wichtigsten landwirtschaftlichen Exportgüter gemessen. Für Sambia und Nigeria ergab sich folgender Befund:

Sambia: Der Export von Agrarerzeugnissen ist, bezogen auf
die gesamten Exporte, immer sehr unbedeutend gewesen. Das
weitaus wichtigste landwirtschaftliche Exportprodukt
stellt Tabak dar, dessen mengenmäßige Ausfuhr zwischen
1970 und 1981 beträchtlich gesunken ist: von 4 900 t p.a.
(1971-1975) auf 2 500 t p.a. (1976-1981). Die Entwicklung
des Agrarexports hat also nicht nur zu keiner Diversifizierung, sondern sogar noch zu einer Entdiversifizierung
beigetragen. (Vgl. hierzu Tabelle 3.2).

Nigeria: Das mit Abstand bedeutendste Exportgut landwirtschaftlichen Ursprungs (gemessen am Wert) bildet Kakao,
daneben kommt noch Ölsaaten, pflanzlichen Ölen und Natur-
gummi ein nennenswertes Gewicht zu. Über einen längeren
Zeitraum sind in den International Trade Statistics der
UN jedoch nur für Kakao und Ölsaaten Exportmengen ausgewiesen, so daß die beiden anderen Exporterzeugnisse nicht
berücksichtigt werden können. Ebenso wie für Sambia zeigt
sich auch für Nigeria, daß die Agrarexporte real abgenommen haben. Der Kakaoexport sank von 240 000 t p.a. (1971-
1975) auf 190 000 t p.a. (1976-1981) und die Ausfuhr von
Ölsaaten von 410 000 t p.a. auf 160 000 t p.a. Die Entwicklung der realen Agrarexporte lief somit auch in Nigeria auf eine Entdiversifizierung der Exportstruktur
hinaus. (Vgl. hierzu Tabelle 3.2).

Tabelle 3.2: Sambia und Nigeria, Export wichtiger agrari-
              scher Ausfuhrgüter, 1971-1981 (in 1 000 t)

Jahr	Sambia Tabak[a]	Nigeria Kakao[b]	Ölsaaten[c]
1971	5,2	289,0	500,6
1972	4,2	246,0	404,9
1973	5,0	240,5	393,5
1974	4,9	225,8	307,8
1975	5,3	217,2	426,0
1971-1975 p.a.	4,9	243,7	406,6
1976	4,6	234,8	272,0
1977	3,4	183,5	221,7
1978	1,6	202,6	·
1979	1,6	126,3	89,0
1980	2,5	·	·
1981	1,2	213,6	48,4
1976-1981 p.a.	2,5	192,2	157,8

a) SITC 121
b) SITC 072
c) SITC 221

Quelle: UN, International Trade Statistics Yearbook, div.
        Jgg.

Als Fazit ergibt sich: Die Exportstrukturen Sambias und
Nigerias, die sehr einseitig auf Kupfer bzw. Rohöl ausgerichtet sind, haben während des Beobachtungszeitraums keine
Diversifizierung erfahren. Weder die Ausfuhr industrieller
Fertigerzeugnisse noch die landwirtschaftlicher Produkte
konnte entsprechend gesteigert werden. Ganz im Gegenteil,
der Export landwirtschaftlicher Erzeugnisse hat in beiden
Ländern real abgenommen, so daß bei den Exportstrukturen
sogar eine Entdiversifizierung eingetreten ist.

3.2 Gründe für unzureichende Diversifizierung

3.2.1 Erklärungsansatz

Der geringe Diversifizierungsgrad der Exportstrukturen in
den beobachteten Ländern geht auf eine Reihe von Gründen
zurück. Im folgenden wird ein Erklärungsansatz näher über-
prüft, der an die spezifischen Bedingungen der Bergbau- und
Erdölländer anknüpft, nämlich an die intensiven (mittelfristigen) Schwankungen der Weltmarktpreise für mineralische Rohstoffe sowie an die Tatsache, daß der Rohstoffabbau
in den Entwicklungsländern eine Domäne des Staates darstellt.

Die Hypothese lautet: Infolge sehr instabiler Weltmarktpreise für mineralische Rohstoffe unterliegen die Exporterlöse der Berbau- und Erdölländer beträchtlichen zyklischen
Schwankungen. Die dadurch ausgelösten Anpassungsprozesse
führen zu einer Benachteiligung exportorientierter Sektoren
(außerhalb des Bergbaus). Diese Diskriminierung kommt in
der Weise zustande, daß sich zum einen das Preisgefüge im
Inland und zum anderen das Preisverhältnis zwischen Inland
und Ausland zu ungunsten von Exportgütern verschiebt. Dadurch wird eine Diversifizierung der Exportstruktur er-

schwert, unterbunden oder gar eine Entdiversifizierung eingeleitet.

Dabei wird von der Annahme ausgegangen, daß der Rohstoff-sektor die reale (mengenmäßige) Produktion mittelfristig nicht verändert. Seine Erlösschwankungen gehen folglich ausschließlich auf Preisveränderungen zurück (windfall gains und windfall losses). Diese Annahme kommt den Bedin-gungen in Sambia und Nigeria sowie in anderen ausgewählten Ländern recht nahe. Natürlich gab es dort auch Schwankungen der Fördermengen, aber die sehr starken Veränderungen der Exporterlöse waren ganz überwiegend preis- und nicht men-genbedingt. Die obige Annahme impliziert auch, daß der Bergbau immer die gleiche Quantität an Ressourcen bean-sprucht, weder in der Boomphase zusätzliche Ressourcen bindet, noch in der Baissephase welche freisetzt.

Im folgenden wird die oben aufgestellt Hypothese näher begründet, wobei zwischen Boom- und Baissephase (Exportauf-schwung und -abschwung) zu unterscheiden ist.

Boomphase

Die für diese Phase relevanten Überlegungen lehnen sich an die These der dutch desease an. Dieser Ende der 60er Jahre geprägte Ausdruck umschreibt die in den Niederlanden ge-machte Erfahrung, daß der rasche Anstieg der Erdgasexporte Anpassungsprozesse nach sich zog, die tendenziell auf eine Desindustrialisierung des Landes hinausliefen (vgl. Daniel, 1986 und Jazayeri, 1986).

In der Boomphase nehmen dank steigender Weltmarktpreise die Exporterlöse und damit auch das Inlandseinkommen sehr rasch zu. Die windfalls gains fallen sowohl im privaten wie auch im öffentlichen Bereich an, konzentrieren sich jedoch in

Bergbau- und Erdölländern der Dritten Welt, anders als in Agrarländern, sehr stark in der öffentlichen Hand (vgl. Jazayeri, 1986, S. 15). Denn der Staat ist in vielen Fällen alleiniger oder mehrheitlicher Eigentümer der Bergbau- und Bohrgesellschaften oder schöpft, falls privates Eigentum vorherrscht, durch Besteuerung einen Großteil der zusätzlichen Gewinne ab.

Für den weiteren Verlauf des Prozesses ist vor allem die staatliche Haushaltspolitik von maßgebender Bedeutung. Grundsätzlich kann die öffentliche Hand die Ausgaben, den wachsenden Einnahmen entsprechend, erhöhen oder Mittel in größerem Ausmaß thesaurieren (Budgetüberschüsse während der Boomphase). Die Vermutung liegt nahe, daß die öffentliche Hand die erste Alternative bevorzugt und die Ausgaben beträchtlich steigert. Da die Devisenerlöse während der Boomphase rasch zunehmen, bleibt die Währung stabil oder wertet auf.

Infolge der öffentlichen Ausgabenerhöhungen steigt die inländische Nachfrage erheblich an. Dadurch entsteht im Inland Preisauftrieb, der je nach Güterkategorie unterschiedlich stark ist, so daß sich im Inland die Preisrelationen verschieben. Wichtig in diesem Zusammenhang ist die Unterscheidung zwischen non-tradeables und tradeables (vgl. Evans, 1986, S. 10 ff.). Zur ersten Kategorie zählen Güter, die international nicht gehandelt werden; sei es, daß dies aufgrund der spezifischen Natur des Gutes überhaupt nicht möglich ist oder aus anderen Gründen unterbleibt. Im wesentlichen setzt sich diese Güterkategorie aus Immobilien und Dienstleistungen zusammen. Im Gegensatz dazu gehören zur zweiten Kategorie solche Güter, die international ausgetauscht werden, wie beispielsweise Industrieerzeugnisse und Agrarprodukte.

In den afrikanischen Entwicklungsländern wird überwiegend eine auf Importsubstitution beruhende Industrialisierungs- strategie betrieben. Dies hat zur Folge, daß im Inland hergestellt Industrieerzeugnisse durch Importrestriktionen vor ausländischer Konkurrenz abgeschirmt werden. Somit ist ein beachtlich großer Teil der erzeugten und grundsätzlich zu den tradeables zählenden Güter von der Entwicklung der Weltmarktpreise mehr oder weniger unabhängig, je nachdem, wie umfassend die staatlichen Importrestriktionen oder die effektiven Protektionsraten sind.

Güterarten, die an sich tradeables darstellen, aber infolge einer restriktiven Handelspolitik dem internationalen Wett- bewerb nicht oder nur in begrenztem Maße ausgesetzt sind, können als semi-tradeables bezeichnet werden. Wegen der sehr umfassenden Importrestriktionen, wie sie in afrikani- schen Entwicklungsländern üblich sind oder zumindest lange Zeit üblich waren, ist ein sehr großer Teil der dort herge- stellten industriellen Güterarten den semi-tradeables zuzu- ordnen, die sich in ihrem Charakter von non-tradeables nicht wesentlich unterscheiden (vgl. Bevan u.a., 1987, S. 505).

Den bisherigen Überlegungen zufolge können drei Kategorien von Gütern unterschieden werden: non-tradeables, semi- tradeables und tradeables. Hinsichtlich der Preiselastizi- tät ihres Angebots gilt folgendes: Sie ist, auf kurze und mittlere Sicht, bei non-tradeables gewöhnlich sehr niedrig. In abgeschwächter Form, abhängig von der Intensität der Außenhandelsbeschränkungen, trifft dies auch auf semi- tradeables zu. Dagegen ist das Angebot bei tradeables sehr preiselastisch, weil dieser Markt, ähnlich wie bei einem System kommunizierender Röhren, eng mit dem Weltmarkt ver- knüpft ist, und Preisgefälle zwischen In- und Ausland kom- pensierende Handelsströme auslösen.

Die Wirkungen, die von einem Nachfrageanstieg auf die inländischen Preise ausgehen, hängen, abgesehen vom Ausmaß
dieses Anstiegs und anderen Faktoren, in hohem Maße von der
Güterstruktur der zusätzlichen Nachfrage und den Preis-
elastizitäten des Angebots bei den einzelnen Güterkategorien ab. Das Preisniveau für non-tradeables wird sich
stark erhöhen, weil die Preiselastizität (des Angebots)
gering ist und sich ein sehr großer Teil der öffentlichen
Nachfrage dieser Güterkategorie, insbesondere Bauleistungen
zuwendet (vgl. Pinto, 1987, S. 422). Ebenfalls noch beträchtlich ist der Preisanstieg bei semi-tradeables, während er bei tradeables aufgrund der engen Konkurrenz mit
dem Ausland sehr gering ist. In ganz besonderem Maße trifft
dies auf jene Gruppe von tradeables zu, die ausschließlich
oder fast ausschließlich für den Export bestimmt sind. Ihr
Preisniveau bleibt unverändert oder steigt allenfalls im
Gleichschritt mit dem des Weltmarktes.

Die Verschiebung der Preisrelationen zum Nachteil der tradeables zieht eine Umverteilung der Produktionsfaktoren
nach sich. Ein Teil davon wird dem Bereich der tradeables
(und damit auch den Exportsektoren) entzogen und in den
Bereich der non- und semi-tradeables gelenkt. Mittelfristig
vollzieht sich der Umverteilungsprozeß auch in der Weise,
daß vom wachsenden Strom an Produktionsfaktoren ein steigender Anteil vom Bereich der non- und semi-tradeables in
Anspruch genommen wird, und nur ein sinkender Anteil dem
Bereich der tradeables zur Verfügung steht. Die Folge davon
ist, daß dieser Sektor entweder schrumpft oder zumindest
langsamer als die anderen Bereiche oder die gesamte Wirtschaft wächst.

Die Trennungslinie zwischen tradeables und semi-tradeables
läßt sich in manchen Fällen aufgrund der Güterart allein
nicht eindeutig festlegen. So kann ein bestimmtes indu-

strielles oder landwirtschaftliches Gut, wie zum Beispiel
Textilien oder Nahrungsmittel, teilweise im Inland und
teilweise im Ausland abgesetzt werden. Falls (massive)
Importbarrieren bestehen, sind die betreffenden Güterarten
je nach Absatzraum zum Teil als semi-tradeables und zum
Teil als tradeables zu klassifizieren.

In solchen Fällen läuft der Anpassungsprozeß in der Weise
ab, daß bei steigendem inländischen Preisniveau verstärkt
der Binnenmarkt beliefert wird und die Exporte entsprechend
abnehmen. Die Umverteilung der Produktionsfaktoren vom
Bereich der tradeables (Exportmärkte) zum Bereich der semi-
tradeables (Binnenmarkt) stößt in solchen Fällen auf
keinerlei Friktionen, da selbst auf kurze Sicht vollstän-
dige Faktormobilität (bei Sachkapital und Arbeit) gewährleistet ist.

Eine andere für den Exportsektor wichtige Entwicklung ist
der rasche Anstieg des Kostenniveaus, der zum einen durch
den starken Preisanstieg bei non-tradeables (einschließlich
semi-tradeables) verursacht wird – soweit sie als Vorprodukte im Exportsektor zum Einsatz gelangen –, und zum anderen durch den beträchtlichen Anstieg des Lohnniveaus.
Veranlaßt durch die steigenden Preise für mineralische
Rohstoffe und die rasch wachsenden Gewinne der Bergbaugesellschaften setzen die wirtschaftlich und häufig auch
politisch einflußreichen Gewerkschaften beträchtliche Lohn-
erhöhungen durch. Da andere Gewerkschaften nachziehen, hebt
sich das Lohnniveau landesweit an (vgl. Shafer, 1986, S.
949). Zu dieser Entwicklung trägt auch bei, daß sich in der
Boomphase die Nachfrage nach Arbeitskräften rasch auswei-
tet, zum Teil so stark, daß auch auf ausländische Arbeits-
kräfte zurückgegriffen werden muß.

Die Chancen der Unternehmen, die steigenden Produktionskosten auf die Abnehmer abzuwälzen, sind sehr unterschiedlich. Besonders geringe oder überhaupt keine Chancen bieten
sich exportorientierten Bereichen, die somit auf den Aus-
landsmärkten erheblich an Wettbewerbsfähigkeit einbüßen
(vgl. Shafer, 1986, S. 949).

Baissephase

Zunächst könnte vermutet werden, daß in der Baissephase
eine, im Vergleich zur Haussephase, gegensätzliche Entwicklung eintritt: Infolge rückläufiger Einnahmen schrumpfen
die öffentlichen Ausgaben und damit auch die Inlandsnach-
frage, und die Währung wertet ab. Als Folge davon verschieben sich die Preisrelationen im Inland zugunsten der tradeables, und schwächt sich der Anstieg des Kostenniveaus,
insbesondere des Lohnniveaus, ab. Damit würden sich in der
Baissephase die Rahmenbedingungen für den Exportsektor
wieder verbessern.

Verschiedene Autoren (vgl. Evans, 1986, S. 10 ff.) weisen
jedoch darauf hin, daß sich dieses Muster in vielen Fällen
mit den bisherigen Erfahrungen nicht decke. Vielmehr seien
auch in der Baissephase Prozesse zu beobachten, die sich
auf den Exportsektor nachteilig auswirken (reverse dutch
desease). Zentrale Sachverhalte in diesem Zusammenhang sind
die staatliche Haushalts- und Währungspolitik.

Während die öffentliche Hand in der Boomphase auf steigende
Einnahmen mit entsprechenden Ausgabeerhöhungen reagiert,
antwortet sie in der Baissephase nicht mit entsprechenden
Ausgabekürzungen; das Ausgabenniveau wird nicht oder nur
relativ geringfügig abgesenkt. Das Budgetdefizit wird durch
Kreditaufnahme im Inland und teilweise auch im Ausland
finanziert, wobei Krediten von der Notenbank (deficit spen-

ding) besonders großes Gewicht zukommt. Man kann sagen, daß
der Staat zu einer asymmetrischen Haushaltspolitik neigt,
indem er die Ausgaben an steigende Einnahmen rasch anpaßt,
aber auf sinkende Einnahmen weit weniger flexibel reagiert.

Obschon in der Baissephase die Devisenerlöse aus dem Export
mineralischer Rohstoffe erheblich zurückgehen, versucht der
Staat, den Wechselkurs möglichst stabil zu halten. Es erfolgt keine oder keine den Marktverhältnissen angemessene
Abwertung. Der Import wird durch verschärfte Devisenkontrollen mehr und mehr behindert, und das wachsende Lei-
stungsbilanzdefizit mit ausländischen Krediten finanziert.

Für den Exportsektor (außerhalb des mineralischen Rohstoffbereichs) verschlechtern sich folglich auch in der Baissephase die Rahmenbedingungen nicht unerheblich. Aufgrund der
hohen Inflationsraten (deficit spending) und der zunehmenden Überbewertung der Währung verändern sich die Preisrelationen im Inland weiterhin zum Nachteil des Exportsektors,
und seine internationale Wettbewerbsfähigkeit wird zunehmend unterminiert.

Fazit: Den vorangehenden Überlegungen zufolge ist zu vermuten, daß sich in den Bergbau- und Erdölländern aufgrund
stark schwankender Weltmarktpreise für mineralische Rohstoffe die Rahmenbedingungen für den Exportsektor (außerhalb des mineralischen Rohstoffbereichs) über längere Zeiträume hinweg, die Boom- und Baissephasen einschließen,
tendenziell verschlechtern. Eingeleitet wird diese Entwicklung in der Boomphase (dutch desease), und zu ihrer Fortsetzung in der Baissephase trägt eine defizitäre Haushaltspolitik und eine restriktive Handels- und Währungspolitik
bei (reverse dutch desease).

3.2.2 Empirische Analyse

Die empirische Überprüfung der oben aufgestellten Hypothese
erfolgt mit Hilfe der realen Austauschrate. Dabei wird der
Konsumentenpreisindex der einzelnen Beobachtungsländer,
unter Berücksichtigung des jeweiligen Wechselkurses, zum
(durchschnittlichen) Konsumentenpreisindex der Industrieländer in Beziehung gesetzt. Die Formel lautet:

$$RARI^E = \frac{KPI^E}{KPI^I} \cdot WKI^E$$

Dabei bezeichnet

$RARI^E$ Index der realen Austauschrate des betreffenden
Entwicklungslandes

KPI^E Konsumentenpreisindex des betreffenden Entwicklungslandes

KPI^I durchschnittlicher Konsumentenpreisindex der Industrieländer

WKI^E Index des Wechselkurses des betreffenden Entwicklungslandes (US $ je inländische Währungseinheit)

Anmerkung: Allen Indizes liegt als Basisperiode des Jahr
1980 zugrunde.

Statt des Konsumentenpreisindexes der Industrieländer
könnte auch deren Großhandelspreisindex verwendet werden.
Die Ergebnisse würden dadurch kaum beeinflußt, da beide
Indizes während des Beobachtungszeitraums nahezu parallel
verlaufen sind.

Ein Anstieg der realen Austauschrate besagt unmittelbar,
daß sich im betreffenden Entwicklungsland das Preisniveau,
unter Einbeziehung von Wechselkursveränderungen, stärker
erhöht hat als in den Industrieländern, den wichtigsten
Absatzmärkten für getätigte und künftige (potentielle)
Exporte des Entwicklungslandes.

Mittelbar läßt die reale Austauschrate Rückschlüsse auf
folgende Relationen zu: auf das Verhältnis von inländischem
zu ausländischem Kostenniveau (internationale Wettbewerbsfähigkeit) und auf das im Inland herrschende Preisverhältnis zwischen non- und semi-tradeables einerseits und tradeables (u.a. Exportgütern) andererseits.

- Sofern sich nämlich der Konsumentenpreisindex (unter
  Berücksichtigung des Wechselkurses) im Inland stärker
  erhöht hat als im Ausland (Anstieg der realen Austauschrate), ist zu vermuten, daß sich auch das inländische
  Kostenniveau stärker angehoben und die internationale
  Wettbewerbsfähigkeit des inländischen Exportsektors verringert hat.

- Daneben darf angenommen werden, daß sich das Preisgefüge
  im Inland zum Nachteil von tradeables (u.a. Exportgütern)
  verschoben hat, da deren Preisniveau in einem engen Zusammenhang mit der Preisentwicklung im Ausland steht.

Die Ausgangshypothese impliziert die Behauptung, daß die
reale Austauschrate in den Bergbau- und Erdölländern über
einen längeren, Boom- und Baissephasen umfassenden Zeitraum
tendenziell angestiegen ist. Im folgenden wird zunächst
analysiert, wie die reale Austauschrate in den einzelnen
Ländergruppen zwischen 1965 und 1985 verlaufen ist, und
anschließend, ob die Wirtschaftspolitik in den beiden Bei-

spielländern Sambia und Nigeria den Prämissen entsprach, auf denen die Ausgangshypothese aufbaut.

Die Ergebnisse - das sei vorweggenommen - geben die reale Austauschrate nur in mehr oder weniger verzerrter Form wider. Dies ist im wesentlichen eine Folge der staatlichen Preiskontrollen (staatlich festgelegter Höchstpreise), die während der Beobachtungsperiode (insbesondere gegen Ende der 70er Jahre und zu Beginn der 80er Jahre) auf immer mehr Wirtschaftsbereiche ausgedehnt worden sind. Der Inflationsprozeß schlägt sich deshalb im Konsumgüterpreisindex, dem teilweise offizielle Preise zugrunde liegen, viel zu schwach nieder (vgl. Pinto, 1987, S. 422). Infolgedessen sind die errechneten realen Austauschraten zu niedrig, wobei die Diskrepanz, parallel zu den sich verschärfenden staatlichen Preiskontrollen, im Laufe der Zeit zugenommen haben dürfte.

Als Konsequenz daraus wird der Anstieg der realen Austauschrate unterschätzt und ihr Rückgang überschätzt; auch ist nicht auszuschließen, daß sich für die Trendwenden zu frühe Zeitpunkte ergeben. Die folgenden Schätzwerte - dies gilt für alle Ländergruppen - stellen somit nur grobe Nährungswerte für die reale Austauschrate dar. Der Realitätsbezug wäre sicherlich sehr viel größer, wenn auch die Preisbewegungen auf den inoffiziellen (schwarzen) Märkten berücksichtigt würden, was jedoch wegen fehlender Daten nicht möglich ist.

3.2.2.1 Bergbauländer

Die Entwicklung der realen Austauschrate während des Beobachtungszeitraums läßt sich in zwei typische Phasen einteilen: in die Phase von 1965 bis etwa 1980 und die Phase von 1980 bis 1985.

- Phase 1

In dieser Phase nahm die reale Austauschrate (gleitende 3-Jahresdurchschnitte) in allen Bergbauländern stetig zu. Die Intensität ihres Anstiegs war jedoch von Land zu Land sehr unterschiedlich: mit Abstand am größten in Zaire, beträchtlich auch in Niger, von mittlerem Ausmaß in Sambia und Mauretanien und gering in Liberia. Ihre Kulminationspunkte erreichte die reale Austauschrate in Liberia 1980, in Mauretanien 1981, in Niger 1979, in Sambia 1979 und in Zaire ebenfalls 1979. (Vgl. hierzu Tabelle 3.3).

- Phase 2

Um 1980, beim einen Land etwas führer, beim anderen etwa später, vollzog sich eine Trendwende. Die reale Austauschrate begann zu sinken, und diese Tendenz setzte sich in allen Ländern bis zum Ende der Beobachtungsperiode (1985) fort. Der Rückgang der realen Austauschrate war besonders rasch in Zaire, beträchtlich auch in Sambia und Niger, weniger stark in Mauretanien und mäßig in Liberia. Zwischen 1983 und 1985 (von Land zu Land etwa unterschiedlich) näherte sich die reale Austauschrate wieder dem Niveau, das Mitte der 60er Jahre vorgeherrscht hatte. (Vgl. hierzu Tabelle 3.3).

Die Entwicklung zwischen 1965 und den frühen 80er Jahren läßt sich mit der These eines tendenziellen Anstiegs der realen Austauschrate weitgehend vereinbaren. Dagegen steht die spätere Entwicklung in Widerspruch zu dieser These. Die Diskrepanz ist wie folgt zu erklären: Der Untersuchungshypothese liegt die Annahme zugrunde, daß der Staat in der Baissephase die öffentlichen Ausgaben nicht entsprechend kürzt und (oder) die Währung nicht entsprechend abwertet, so daß auch während dieser Phase die reale Austauschrate

Tabelle 3.3: Bergbauländer, Index der realen Austauschrate (1980 = 100), gleitende 3-Jahresdurchschnitte, 1966-1984

Jahr	Liberia	Maure-tanien	Niger	Sambia	Zaire
1966	87,6	83,1	72,2	82,5	52,1
1967	87,4	83,6	71,6	86,8	47,0
1968	89,4	81,8	69,5	90,2	40,0
1969	83,3	78,5	65,6	90,6	40,2
1970	88,3	75,8	63,1	89,2	40,7
1971	85,2	78,5	63,6	91,6	42,5
1972	86,5	86,6	70,6	94,5	45,3
1973	90,9	92,6	73,6	96,1	49,9
1974	96,4	97,3	75,8	94,4	56,1
1975	98,0	98,7	74,5	97,7	62,2
1976	97,4	100,9	80,3	92,1	76,2
1977	96,0	100,9	87,0	93,9	102,9
1978	96,1	100,9	94,6	96,4	122,9
1979	97,6	100,5	99,1	99,2	123,9
1980	98,5	101,4	93,6	97,9	102,0
1981	98,1	101,6	84,9	95,5	84,7
1982	96,3	98,7	71,5	88,2	70,4
1983	94,1	91,1	62,8	77,5	54,1
1984	90,9	80,0	54,5	64,8	37,3

Quelle: Eigene Berechnungen.

noch ansteigt. Dieses über einen langen Zeitraum von den Bergbauländern beibehaltene Verhaltensmuster ist in der ersten Hälfte der 80er Jahre schrittweise revidiert worden. So wurde insbesondere die Wechselkurspolitik erheblich flexibler gehandhabt, was in beträchtlichen Währungsabwertungen ihren Niederschlag fand (vgl. World Bank, 1987a, S. 106 f.).

Zu einer mehr marktorientierten Wechselkurspolitik (ab Anfang der 80er Jahre) zwangen vor allem die (im Vergleich zu früheren Stagnations- oder Baissephasen) sehr ungünstigen Rahmenbedingungen: die bereits sehr hohe Auslandsverschuldung und die dadurch erheblich eingeschränkte Kreditwürdigkeit auf dem internationalen Kapitalmarkt, der hohe an das Ausland zu leistende Schuldendienst wie auch der geringe Spielraum für weitere Importbeschränkungen.

Die flexiblere Währungspolitik kann als einer der ersten Schritte auf dem Weg zu einer liberaleren Wirtschafts- und Ordnungspolitik angesehen werden, wie er später im Rahmen umfassender, von IWF und Weltbank geförderter Reformprogramme eingeschlagen worden ist: so 1983 in Sambia und Zaire und 1985 in Mauretanien. Neben einer realistischen Währungspolitik zielen diese Reformprogramme auf eine Eindämmung der Inflation, insbesondere durch einen Abbau staatlicher Haushaltsdefizite, eine Liberalisierung des Binnen- und Außenhandels, Zurückdrängung staatlichen Engagements in der Wirtschaft (Deregulierung), Förderung privater Initiative u.a.m.

Fazit: Die reale Austauschrate hat sich in den Bergbauländern zwischen 1965 und 1980 kontinuierlich erhöht. Sehr wahrscheinlich verlief der Anstieg noch erheblich steiler und dauerte etwas länger an (über 1980 hinaus), als es in den Schätzwerten zum Ausdruck kommt (vgl. S. 97 f.). Demzufolge haben sich während eines sehr langen Abschnitts der Beobachtungsperiode die Rahmenbedingungen für bestehende und potentielle Exportbereiche (außerhalb des Bergbaus) zunehmend verschlechtert, und dadurch dürfte eine stärkere Diversifizierung der Exportstruktur erschwert oder gar unterbunden worden sein.

3.2.2.2 Erdölländer

Die Exporte der ausgewählten Erdölländer entwickelten sich recht unterschiedlich, so daß nicht von einer einheitlichen Boom- und Baissephase die Rede sein kann. Zu unterscheiden ist zwischen Nigeria auf der einen Seite und Kamerun sowie Kongo auf der anderen.

- Nigeria

Die Aufschwungphase (der Exporte) begann 1970 und wurde bis 1973 von einem rasch wachsenden Rohölexportvolumen (bei nahezu konstanten Rohölpreisen) getragen. Von 1974 an beschleunigt sich der Exportboom beträchtlich, im wesentlichen als Folge rasch steigender Rohölpreise (bei weitgehend unverändertem Exportvolumen). Der Kulmina-tionspunkt (mit gesamten Exporterlösen von rd. 26 Mrd. US-$) wurde 1980 erreicht. Danach sind die Exporte in-folge schrumpfenden Rohölexportvolumens und später auch fallender Rohölpreise stetig und in beträchtlichem Ausmaß zurückgegangen. (Vgl. hierzu Tabelle 3.4). Demzufolge läßt sich die Exportentwicklung in Nigeria in folgende Phasen einteilen: Boomphase von 1974 bis 1980 und Baisse-phase ab 1981.

Tabelle 3.4: Erdölländer, Exporte, gleitende 3-Jahres-
durchschnitte, 1966-1984 (in Mill. US-$)

Jahr	Nigeria	Kamerun	Kongo
1966	732,3	149,4	46,7
1967	679,3	168,7	47,3
1968	708,7	196,7	47,7
1969	901,7	220,7	42,0
1970	1 337,0	223,0	38,7
1971	1 773,7	220,3	43,7
1972	2 560,0	265,3	62,7
1973	5 163,0	363,7	126,3
1974	7 211,3	440,7	166,3
1975	9 383,0	489,0	197,7
1976	10 294,0	558,3	179,0
1977	11 020,3	685,7	158,0
1978	13 237,7	826,7	262,3
1979	17 674,3	1 055,3	505,3
1980	20 158,7	1 288,3	826,0
1981	18 596,7	1 456,3	1 027,0
1982	13 452,7	1 553,7	1 093,7
1983	11 408,0	1 695,0	1 157,7
1984	11 646,7	2 017,7	1 169,0

Quelle: Diverse Berichte der Weltbank und des IMF.

- Kamerun und Kongo

In diesen beiden Ländern setzte der Exportboom, wegen des anfänglich sehr niedrigen Rohölförderungvolumens, später als in Nigeria ein: in Kamerun um 1972 und in Kongo erst um 1977. Der Aufschwung hat sich in beiden Ländern bis 1985 fortgesetzt (vgl. Tabelle 3.4). Die kontraktive Wirkung auf die Exporterlöse, die von den nach 1981 sinkenden Rohölpreisen ausging, wurde durch ein rasch wachsendes Rohölexportvolumen bei weitem überkompensiert. Die starke Ausweitung der Rohölförderung und der mengenmäßigen Rohölexporte in der ersten Hälfte der 80er Jahre war möglich, weil weder Kamerun noch Kongo, im Gegensatz zu Nigeria, dem OPEC-Kartell angehören und somit dessen Mengenbeschränkungen nicht unterliegen. Der bis 1985 reichende Beobachtungszeitraum schließt folglich für diese beiden Länder, anders als für Nigeria, nur eine Boomphase ein.

In Nigeria stieg die reale Austauschrate während der gesamten Boomphase (1970-1980) sehr rasch an: von 42 Indexpunkten (1970) auf 97 (1980). In der Baissephase stabilisierte sie sich zunächst auf hohem Niveau (1980-1982) und erhöhte sich danach erneut. In Kamerun nahm die reale Austauschrate während der Boomphase anfänglich zu (bis 1979) und ging danach (beträchtlich) zurück. Einen fast indentischen Verlauf nahm sie in Kongo, wo sie sich ebenfalls bis 1979 erhöhte und danach absank. (Vgl. hierzu Tabelle 3.5).

Die Hypothese, daß die reale Austauschrate über Boom- und Baissephasen hinweg ansteigt, steht in völligem Einklang mit der Entwicklung in Nigeria. Dagegen läßt sich sich mit dem Befund in Kamerun und Kongo, wo noch während der Boomphase ein Rückgang der realen Austauschrate eingetreten ist, nicht vereinbaren. Die Hypothese stützt sich unter

Tabelle 3.5: Erdölländer, Index der realen Austauschrate (1980 = 100), gleitende 3-Jahresdurchschnitte, 1966-1984

Jahr	Nigeria	Kamerun	Kongo
1966	39,4	82,8	95,1
1967	38,7	80,8	95,5
1968	37,9	76,4	92,5
1969	39,0	70,1	86,1
1970	42,2	65,5	79,4
1971	45,7	66,7	80,1
1972	47,8	73,4	83,1
1973	49,1	81,0	85,6
1974	53,3	87,7	88,8
1975	59,9	87,7	89,2
1976	68,0	88,0	91,4
1977	76,0	89,7	91,5
1978	84,0	95,7	97,4
1979	92,6	100,0	100,9
1980	96,7	93,8	96,0
1981	95,8	82,4	85,0
1982	95,0	70,8	72,9
1983	103,4	64,8	65,1
1984	109,1	61,3	60,9

Quelle: Eigene Berechnungen.

anderem auf die Prämisse, daß es für ein Rohstoffland
typisch ist, während der Boomphase (mit Preisauftrieben im
Inland) seine Währung nicht abzuwerten. Auf Kamerun und
Kongo traf dies nicht zu, denn in beiden Ländern wurde noch
in der Boomphase (nach 1980) die Währung wiederholt abgewertet. Für das Verständnis dieses Verhaltens ist wesentlich, daß Kamerun und Kongo, mit dem Franc CFA als gemein-
samer Währung, der Währungszone des französischen Franc
angehören und daher keine autonome Währungspolitik verfol-
gen können. Für die Abwertung ihrer Währung in einer Phase
steigender Exporterlöse dürfte somit weniger ihre spezifische Außenhandelssituation als vielmehr die der Franc-
Zone, im besonderen die Frankreichs, maßgebend gewesen
sein.

3.2.2.3 Falländer Sambia und Nigeria

Bei der Analyse der Falländer Sambia und Nigeria geht es um
die Frage, inwieweit die wesentlichen Prämissen der Ausgangshypothese erfüllt waren. Von zentralem Interesse sind
dabei die staatliche Haushalts- und Währungspolitik. Es
wurde unterstellt, daß die öffentlichen Ausgaben in der
Boomphase (mit wachsenden Einnahmen) erheblich ausgeweitet,
aber in der Stagnations- und Baissephase (mit sinkenden
Einnahmen) nicht entsprechend eingeschränkt werden; in dieser Phase entstehen folglich beträchtliche Haushaltsdefizite, die mit Anleihen im In- und Ausland finanziert werden. Im Bereich der Währungspolitik ist der Staat bemüht,
auch in der Baisse- oder Stagnationsphase den Wechselkurs
mit Hilfe verschärfter Devisenkontrollen möglichst stabil
zu halten, das heißt, eine Abwertung überhaupt oder eine
den Marktverhältnissen angemessene zu vermeiden.

3.2.2.3.1 Sambia

Der Verlauf der Exporte Sambias zwischen 1965 und 1985 läßt sich in groben Zügen in folgende drei Entwicklungsphasen einteilen:

1965 - 1974: Aufschwungphase
1974 - 1980: Stagnationsphase
1980 - 1985: Abschwungphase

Wie die Tabelle 3.6 zeigt, wurde die Entwicklung der (gesamten) Exporte entscheidend vom Verlauf der Kupferexporte bestimmt, die während der gesamten Beobachtungsperiode einen sehr hohen Anteil an den gesamten Exporten hatten (im Durchschnitt zwischen 90 % und 95 %). Von jährlichen Schwankungen abgesehen, bewegte sich zwischen 1965 und 1980 das Volumen der Kupferexporte auf einem ziemlich konstanten Niveau mit einer Bandbreite von 600 000 bis 650 000 t p.a. Die unterschiedlichen Exporttrends (Aufschwung zwischen 1965 und 1974, Stagnation zwischen 1974 und 1980) sind folglich im wesentlichen preisbedingt, das heißt, daß sie vornehmlich auf entsprechende Trends des Weltkupferpreises zurückgehen. Der nach 1980 einsetzende Exportabschwung dagegen ist die Folge fallender Kupferpreise, wie auch eines schrumpfenden Exportvolumens.

Aufschwungphase (1965-1974)

Da der Kupferbergbau für den Staat eine sehr wichtige Einnahmequelle darstellt, haben sich während des Exportaufschwungs die öffentlichen Einnahmen rasch ausgeweitet. Parallel dazu erhöhten sich auch die öffentlichen Ausgaben; der Staat erzielte während der Boomphase (im Durchschnitt) keine Budgetüberschüsse, sondern glich den Haushalt gerade aus. (Vgl. hierzu Tabelle 3.7).

Tabelle 3.6: Sambia, gesamte Exporte und Kupferexporte,
              1965-1985

Jahr	gesamte Exporte (Mill. US-$)	Kupferexporte (Mill. US-$)	(Tsd.t)	Anteil[a) (%)
1965	514	464	639	90,2
1966	625	583	599	93,3
1967	651	601	600	92,3
1968	748	709	642	94,8
1969	1 194	1 128	729	94,5
1970	942	898	619	95,3
1971	671	623	533	92,8
1972	760	689	623	90,6
1973	1 130	1 065	627	94,2
1974	1 396	1 294	650	92,7
1975	803	726	616	90,4
1976	1 029	941	712	91,4
1977	897	818	647	91,2
1978	831	723	550	87,0
1979	1 408	1 163	626	82,6
1980	1 457	1 435	614	98,5
1981	996	929	556	93,3
1982	942	870	603	92,3
1983	923	816	571	88,4
1984	893	748	530	83,8
1985	788	630	463	79,9

a) Anteil der Kupferexporte an den gesamten Exporten

Quellen: IMF, International Financial Statistics, Year-
         book 1987 und andere Quellen.

Tabelle 3.7:   Sambia staatlicher Haushalt, 1965-1985
              (Mill. Zambian Kwacha)

Jahr	Einnahmen	Ausgaben	Überschuß	Überschuß zu BIP (%)
1965	209,4	175,0	34,4	4,8
1966	212,2	174,6	37,6	4,4
1967	269,6	269,3	0,3	0,0
1968	296,9	391,5	-94,6	-8,9
1969	403,1	334,1	69,0	5,3
1970	457,2	360,3	96,9	7,6
1971	312,5	482,4	-169,9	-14,4
1972	296,8	432,7	-135,9	-10,1
1973	469,4	469,1	0,3	0,0
1974	649,1	531,3	117,8	6,2
1975	447,8	678,2	-230,4	-14,6
1976	453,0	685,2	-232,2	-12,2
1977	498,3	706,2	-207,9	-10,4
1978	555,7	668,8	-113,1	-5,0
1979	594,2	809,5	-215,3	-8,1
1980	765,1	1 135,2	-370,1	-12,1
1981	807,1	1 277,7	-470,6	-13,5
1982	831,3	1 400,5	-569,2	-15,8
1983	1 013,4	1 330,1	-316,7	-7,6
1984	1 090,4	1 379,4	-289,0	-5,9
1985	.	.	.	.

Quelle: IMF, International Financial Statistics, Yearbook
        1987.

Die Währung (Zambian Kwacha) blieb gegenüber dem US-$ zunächst stabil und wertete gegen Ende der Aufschwungphase leicht auf (vgl. Tabelle 3.8). Der Wechselkurs (US-$ je Kwacha) war am Ende dieser Phase (1974) um etwa 10 % höher als zu Beginn (1965). Mit einer mittleren Rate von rd. 6 % p.a. (Jahresdurchschnitt 1965-1974) hielt sich der Inflationsprozeß in Grenzen (vgl. Tabelle 3.8). Die Inflationsraten dürften freilich über das in der Statistik ausgewiesene Maß hinausgegangen sein, da die Inflation in einigen Bereichen durch staatlichen Preiskontrollen zurückgestaut worden ist.

Stagnationsphase (1974-1980)

Obschon die öffentlichen Einnahmen nicht mehr zunahmen, stiegen die Ausgaben weiter an. Es entstanden beträchtliche Haushaltsdefizite, die sich im Durchschnitt (1975-1980) auf rd. 10 % des Bruttoinlandsprodukts beliefen. Finanziert wurden sie zum größten Teil durch Kreditaufnahmen bei der Notenbank (deficit spending) und daneben durch Anleihen im Ausland. (Vgl. Tabelle 3.7).

Der Inflationsprozeß verschärfte sich erheblich; die Preissteigerungsraten erreichten im Durchschnitt (1975-1980) rd. 14 % p.a. Zwar sank der Wechselkurs des Kwacha ab, aber die Abwertung war verhältnismäßig gering. Gemessen am US-$, war sein Kursniveau 1980 nur um rd. 18 % niedriger als 1974. (Vgl. Tabelle 3.8).

Abschwungphase (1980-1985)

Bedingt durch den Verfall des Weltmarktpreises für Kupfer wie auch durch sinkende Exportmengen, durchlief Sambia zwischen 1980 und 1985 eine ausgeprägte Baissephase. Die hohen Defizite im öffentlichen Haushalt setzten sich zunächst

Tabelle 3.8:   Sambia, Inflationsrate und Wechselkurs,
               1965-1985

Jahr	Inflationsrate (in %)	Wechselkurs (US-$ / ZK)
1965	.	1,400
1966	10,0	1,400
1967	5,3	1,400
1968	10,7	1,400
1969	2,4	1,400
1970	2,6	1,400
1971	6,0	1,340
1972	5,1	1,535
1973	6,4	1,535
1974	8,2	1,554
1975	10,0	1,554
1976	18,9	1,402
1977	19,6	1,266
1978	16,4	1,250
1979	9,7	1,261
1980	11,7	1,268
1981	14,0	1,152
1982	12,5	1,077
1983	19,7	0,800
1984	20,0	0,557
1985	37,5	0,369

ZK = Zambian Kwacha

Quelle: IMF, International Financial Statistics, Yearbook
        1987.

fort und erreichten 1982 mit einer Quote von rd. 16 % am
Bruttoinlandsprodukt den Kulminationspunkt. In den folgenden Jahren (bis 1985) gingen sie beträchtlich zurück, mach-
ten aber immer noch mehr als 5 % des Bruttoinlandsprodukts
aus. (Vgl. Tabelle 3.7).

Die auffallendste Veränderung vollzog sich bei der Wechselkurspolitik. Seit 1980 ist der Kwacha wiederholt und in
beträchtlichem Ausmaß abgewertet worden. Bezogen auf den
US-$, hatte er 1985 gegenüber 1980 rd. 70 % an Wert ver-
loren. Der Inflationsprozeß beschleunigte sich eher noch,
was nicht zuletzt auch auf den (teilweisen) Abbau staatlicher Preiskontrollen und eine starke Verteuerung impor-
tierter Güter zurückzuführen ist. (Vgl. Tabelle 3.8).

Fazit: Die reale Austauschrate hat sich in Sambia zwischen
1965 und 1980 tendenziell erhöht und ist in den folgenden
Jahren wieder zurückgegangen. Ihr Anstieg, der über eine
Aufschwungphase (1965-1974) und eine Stagnationsphase
(1974-1980) hinwegreicht, kann mit den Thesen der dutch
desease und der reverse dutch desease erklärt werden. Denn
wie die Analyse zeigt, waren die wirtschaftspolitischen
Prämissen, die den beiden Thesen zugrunde liegen, in Sambia
durchaus erfüllt:

- In der Aufschwungphase nahmen die öffentlichen Ausgaben
  (im Gleichschritt mit den Einnahmen) rasch zu und die
  Währung blieb stabil oder wertete leicht auf.

- In der Stagnationsphase wurden die öffentlichen Ausgaben
  nicht an die stagnierenden oder sinkenden Einnahmen angepaßt und die Währung nur mäßig, nicht in entsprechendem
  Maße abgewertet.

Erst nach 1980, dem Beginn der Abschwungphase, wurde die Wirtschaftspolitik revidiert (vom Verhaltensmuster, das der These von der reverse dutch desease zugrunde liegt, abgegangen), indem eine flexiblere Währungspolitik und eine restriktivere Haushaltspolitik angestrebt und zum Teil auch durchgesetzt worden ist. Der Verlauf der realen Austauschrate nahm eine Trendwende und ist seitdem abwärts gerichtet.

3.2.2.3.2 Nigeria

Ab Ende der 60er Jahre weitete sich die Rohölförderung in Nigeria beträchtlich aus und leitete einen Exportboom ein. Zunächst (bis 1973) wurde er von einer raschen Zunahmen des Exportvolumens (1969 rd. 27 Mill. t, 1973 rd. 101 Mill. t) getragen, später (1974-1980) ganz überwiegend vom Anstieg des Rohölpreises. Im Jahr 1980 erreichte der Exportboom seinen Höhepunkt und wurde danach von einer einschneidenden Exportbaisse abgelöst, die sich bis heute fortgesetzt und während der letzten Jahre (nach 1985) sogar noch verschärft hat. Die Intensität der Schwankungen, denen die Erlöse aus dem Rohölexport unterlagen, verdeutlichen folgende Werte: Exporterlöse 1970 rd. 0,7 Mrd. US-$, 1975 rd. 7,5 Mrd. US-$, 1980 rd. 24,9 Mrd. US-$ und 1985 rd. 12,2 Mrd. US-$. (Vgl. hierzu Tabelle 3.9).

Im Jahr 1969, zu Beginn des Exportbooms, hatte der Rohölexport schon einen Anteil von rd. 41 % an den gesamten Exporterlösen Nigerias. Dieser Anteil erhöhte sich bis 1974 auf gut 90 % und lag in den folgenden Jahren (bis 1985) auf einem durchschnittlichen Niveau von rd. 95 %. Der Verlauf der gesamten Exporte war somit weitgehend identisch mit der Entwicklung des Rohölexports. (Vgl. hierzu Tabelle 3.9).

Tabelle 3.9: Nigeria, gesamte Exporte und Rohölexporte,
1965-1985

Jahr	gesamte Exporte (Mill. US-$)	Rohölexporte (Mill. US-$)	(Mill. t)[a]	Anteil[b] (%)
1965	752	190	13,2	25,3
1966	795	258	19,3	32,5
1967	678	203	15,0	29,9
1968	591	104	7,1	17,6
1969	890	367	16,6	41,2
1970	1 240	714	53,4	57,6
1971	1 814	1 337	75,3	73,7
1972	2 180	1 788	89,8	82,0
1973	3 461	2 879	101,3	83,2
1974	9 214	8 532	111,0	92,6
1975	8 003	7 524	88,0	94,0
1976	10 775	9 888	102,3	91,8
1977	11 836	10 970	103,3	92,7
1978	9 967	8 932	94,0	89,6
1979	17 250	16 102	113,5	93,3
1980	25 962	24 947	101,8	96,1
1981	17 958	17 399	71,2	96,9
1982	12 186	11 885	63,5	97,5
1983	10 369	9 952	61,1	96,0
1984	11 896	11 573	68,0	97,3
1985	12 572	12 209	74,0	97,1

a) Förderung von Rohöl
b) Anteil der Rohölexporte an den gesamten Exporten

Quellen: IMF, International Financial Statistics, Yearbook 1987 und weitere Unterlagen.

Bei der Analyse der öffentlichen Haushaltspolitik ist zu
beachten, daß in Nigeria, einem Land mit föderativer
Staatsstruktur, die öffentliche Hand auf zwei Ebenen in Erscheinung tritt: zum einen auf der Ebene des Bundes und zum
anderen auf der Ebene der Bundesländer. Von den Einnahmen
des Bundes wird ein Teil an die Länder abgeführt; sie verfügen daneben noch über eigene Einnahmequellen, die jedoch
von geringerer Bedeutung als die Überweisungen des Bundes
sind. Somit muß – dies ist für das Verständnis der folgenden Ausführungen wichtig – zwischen den gesamten Einnahmen
der Bundesregierung (federally collected revenue) und den
ihr verbleibenden Einnahmen (federally retained revenue)
unterschieden werden. Da über die Haushalte der Länder nur
in beschränktem Umfang Daten verfügbar sind, stützt sich
die folgende Analyse weitgehend auf den Bundeshaushalt.

Tabelle 3.10: Nigeria, von der Bundesregierung erhobene
Einnahmen (federally collected revenue) und
der Beitrag des Rohölsektors, 1973-1986
(Mill. Naira)

Jahr	gesamte Einnahmen	Ölein- nahmen	Körper- schaft- steuer	Förderab- gabe, Di- vidende
1973	2 171	1 461	1 127	334
1974	5 159	4 184	2 845	1 339
1975	5 833	4 612	3 240	1 372
1976	7 043	5 484	3 768	1 726
1977	8 070	5 965	4 404	1 561
1978	6 362	4 285	3 034	1 251
1979	13 806	11 362	8 009	3 353
1980	15 154	12 354	8 564	3 790
1981	13 032	10 010	7 231	2 779
1982	13 048	8 560	5 871	2 689
1983	11 482	7 032	4 505	2 527
1984	12 276	9 144	5 419	3 725
1985	15 106	10 901	7 408	3 493
1986	18 050	10 796	8 197	2 599

Quellen: 1973-1979: World Bank, Nigeria, Basic Economic
Report, 1981; 1980-1985: IMF, Nigeria, 1987

Aus dem Erdölsektor, der weitaus bedeutendsten öffentlichen Einnahmequelle, fließen dem Staat (federally collected revenue) folgende Einnahmen zu:

- Royalty:
  Diese indirekte Steuer belastet nicht generell die Rohöl-förderung, sondern nur den Rohölexport. Das im Inland verbrauchte Rohöl, ein freilich geringer Teil der Rohöl-förderung, ist von der Abgabe befreit. Der Abgabesatz der royalty beläuft sich auf 20 % der erzielten Exporterlöse.

- Petroleum profit tax:
  Sie bemißt sich nach dem Gewinn der Erdölgesellschaften, und der Steuersatz beträgt während der ersten fünf Jahre (nach Aufnahme der Förderung) 66 % und danach 85 %. Bei der Ermittlung des Gewinns wird dabei nicht von den tat-sächlich erzielten Preisen, sondern von staatlich fixier-ten Preisen (posted prices) ausgegangen, die natürlich mit der tatsächlichen Preisentwicklung in einem engen Zusammenhang stehen.

- Dividende:
  Vertreten durch die NNPC (Nigerian National Petroleum Company), ist der Bund mit jeweils 51 % an den inländi-schen Fördergesellschaften beteiligt und bezieht daraus entsprechende Dividenden.

Die ergiebigste unter den drei Einnahmequellen ist die petroleum profit tax. So entfielen beispielsweise 1980 von den öffentlichen Einnahmen aus dem Rohölsektor in Höhe von rd. 12,4 Mrd. N (Naira) rd. 8,6 Mrd. N auf die petroleum profit tax und rd. 3,8 Mrd. N auf royalties und Dividende. (Vgl. hierzu Tabelle 3.10).

Seit 1974 bilden die Einnahmen aus dem Erdölsektor die
dominierende Komponente der gesamten öffentlichen Einnahmen
(federally collected revenue). Zwischen 1974 und 1980 tru-
gen sie dazu im Durchschnitt etwa vier Fünftel bei; ihr
Anteil ging in der Baissephase zwar zurück, machte jedoch
1985 noch immer zwei Drittel aus. Der Verlauf der Einnahmen
aus dem Erdölsektor bestimmte demnach weitgehend auch die
Entwicklung der gesamten öffentlichen Einnahmen. (Vgl.
hierzu Tabelle 3.10).

Aufschwungphase (1970-1980)

Während der Boomphase haben die öffentlichen Einnahmen des
Bundes (federally retained revenue) sehr rasch zugenommen:
1970 rd. 460 Mill. N, 1975 rd. 4 870 Mill. N und 1980 rd.
12 050 Mill. N. Auf der anderen Seite hat der Bund auch die
Ausgaben beträchtlich gesteigert. Lediglich in den ersten
Jahren des Booms (1970-1974) schloß der Haushalt mit Über-
schüssen, in den folgenden Jahren dagegen (1975-1980) stets
mit Defiziten, die sich im Jahresdurchschnitt (1975-1980)
auf 5 % des Bruttoinlandsprodukts beliefen. (Vgl. Tabelle
3.11).

Folglich hielten sich die Ausgabenerhöhungen in der zweiten
Hälfte der Boomphase nicht im Rahmen der rasch wachsenden
Einnahmen, sondern gingen noch erheblich darüber hinaus.
Finanziert wurden die Haushaltsdefizite vor allem mit Kre-
ditaufnahmen beim inländischen Bankensystem, insbesondere
bei der Zentralnotenbank, und mit Auslandsanleihen (vgl.
Weltbank, 1981a, S. 133).

Aufgrund dieser Haushaltspolitik kam schon während der
Boomphase ein erheblicher Inflationsprozeß in Gang, der im
Dienstleistungsbereich besonders intensiv war. Der Wechsel-

Tabelle 3.11: Nigeria, Haushalt des Bundes (federal government), 1965-1985 (Mill. Naira)

Jahr	Einnahmen	Ausgaben	Überschuß	Überschuß zu BIP (%)
1965	190	245	-55	-1,6
1966	182	217	-35	-1,0
1967	168	289	-121	-4,1
1968	186	350	-164	-5,7
1969	246	541	-295	-7,7
1970	463	573	-110	-2,0
1971	969	834	135	1,9
1972	1 023	898	125	1,6
1973	1 848	1 522	326	3,0
1974	4 325	2 908	-1 435	7,6
1975	4 870	6 351	-1 481	-6,8
1976	5 628	7 372	-1 744	-6,3
1977	6 274	8 636	-2 362	-7,3
1978	4 575	6 969	-2 393	-6,7
1979	9 805	10 210	-405	-0,9
1980	12 655	13 789	-1 734	-3,5
1981	8 057	12 234	-4 177	-8,0
1982	8 254	12 916	-4 662	-8,4
1983	7 483	13 627	-6 144	-10,7
1984	7 345	10 261	-2 916	-4,2
1985	9 607	11 006	-1 999	-2,7

Quellen: 1965-1972: IMF, International Financial Statistics, Yearbook 1987;

1973-1980: World Bank, Nigeria, Basic Economic
Report, 1981;

1981-1985: IMF, Nigeria, 1987.

Tabelle 3.12: Nigeria, Inflationsrate und Wechselkurs, 1965-1985

Jahr	Inflationsrate (in %)	Wechselkurs (US-$ / N)
1965	.	1,400
1966	9,4	1,400
1967	-3,5	1,400
1968	-0,5	1,400
1969	10,0	1,400
1970	13,9	1,400
1971	16,4	1,403
1972	2,5	1,520
1973	5,6	1,520
1974	12,7	1,590
1975	33,4	1,625
1976	22,2	1,596
1977	21,4	1,551
1978	21,7	1,574
1979	11,7	1,659
1980	10,0	1,829
1981	20,8	1,629
1982	7,7	1,485
1983	23,2	1,382
1984	39,6	1,309
1985	5,5	1,121

Quelle: IMF, International Financial Statistics, Yearbook 1987.

kurs des Naira stieg in der Boomphase spürbar an, von 1,40
US-$/N (1970) auf 1,83 US-$/N (1980). (Vgl. Tabelle 3.12).

Abschwungphase (1980-1985)

Mit Beginn der Abschwungphase gingen die öffentlichen Einnahmen deutlich zurück, während die öffentlichen Ausgaben
zunächst auf einem sehr hohen Niveau verharrten. Als Folge
davon nahmen die Haushaltsdefizite zwischen 1981 und 1983
beim Bund wie auch bei den Ländern ein enormes Ausmaß an.
Sie bliefen sich im Jahresdurchschnitt (1981-1983) im Bundeshaushalt auf 9 % und in den Länderhaushalten auf 10 %
des Bruttoinlandsprodukts, zusammen also auf 19 % (vgl.
Tabellen 3.11 und 3.13). Die Finanzierungslücken wurden
vornehmlich durch Kreditaufnahme bei der Zentralnotenbank
und durch Verschuldung im Ausland geschlossen. Im Jahr 1984
bahnte sich ein Wechsel in der Haushaltspolitik an. Bund
und Länder schränkten ihre Haushaltsdefizite erheblich ein,
auf (zusammen) 5 % des Bruttoinlandsprodukts 1984 und auf
4 % 1985.

Tabelle 3.13: Nigeria, Haushalt der Bundesstaaten, 1980-
1985 (Mill. Naira)

Jahr	Einnahmen	Ausgaben	Überschuß	Überschuß zu BIP (%)
1980	4 423	8 951	- 4 528	- 9,1
1981	6 024	11 859	- 5 835	- 11,2
1982	6 315	10 681	- 4 366	- 7,8
1983	5 400	11 091	- 5 691	- 9,9
1984	4 180	4 776	- 596	- 0,9
1985	4 845	5 857	- 1 012	- 1,4

Quelle: IMF, Nigeria, 1987.

Die Inflationsrate lag in der Baissephase auf einem sehr
hohen Niveau. Die Währung blieb trotz kontinuierlicher

Abwertung (von 1,83 US-$/N 1980 auf 1,12 US-$/N 1985) erheblich überbewertet. (Vgl. Tabelle 3.12).

Fazit: Die reale Austauschrate ist in Nigeria zwischen 1970
und 1980 rasch und in den folgenden Jahren noch mäßig angestiegen (vgl. Tabelle 3.5). Während der Aufschwungphase
(1970-1980) sind deutlich die Symptome der dutch desease zu
erkennen: rasche Ausweitung der öffentlichen Ausgaben im
Gefolge steigender Einnahmen und eine Aufwertung der Währung. Allerdings kam ab 1975 ein weiterer Faktor hinzu,
nämlich eine defizitäre Haushaltspolitik. Die öffentlichen
Ausgaben wurden nicht nur - davon geht die These der dutch
desease streng genommen aus - in den Grenzen der rasch
steigenden Einnahmen erhöht, sondern noch wesentlich stärker.

In der Abschwungphase traten zunächst (bis 1983) mit beträchtlich zunehmenden Haushaltsdefiziten und einer mäßigen
Abwertung der Währung sehr deutlich die Anzeichen der reverse dutch desease zutage. Danach hat sich die wirtschaftspolitische Situation verändert: Die Haushaltsdefizite wurden ganz erheblich verringert und die Abwertung der
Währung beschleunigt.

3.2.2.4 Agrarländer

Hinsichtlich der Bergbau- und Erdölländer ergab sich, daß
in mehreren Fällen und über einen längeren Abschnitt der
Beobachtungsperiode die reale Austauschrate anstieg und
somit die Exportchancen (außerhalb des Rohstoffbereichs)
zunehmend ungünstiger wurden. Ist dieses Phänomen auch bei
den Agrarländern zu beobachten?

Es besteht die begründete Vermutung, daß es auch dort in
Erscheinung getreten ist. Denn erstens sind auch die Welt-

marktpreise für landwirtschaftliche Erzeugnisse erheblichen
zyklischen Schwankungen ausgesetzt, von denen auch der
öffentliche Haushalt nicht unberührt bleibt, und zweitens
ist anzunehmen, daß die Regierungen in den Agrarländern auf
Schwankungen der öffentlichen Einnahmen nach einem ähn-
lichen Muster reagieren wie die Regierungen in Bergbau- und
Erdölländern.

Zwischen den öffentlichen Einnahmen und dem Weltmarktpreis
für Agrarprodukte besteht nicht nur ein mittelbarer, sondern gewöhnlich auch ein unmittelbarer Zusammenhang. Der
Export wichtiger Agrarerzeugnisse ist nämlich in aller
Regel staatlichen Marketing Boards vorbehalten, die mit dem
Monopol für deren Aufkauf ausgestattet sind und den Auf-
kaufpreis (inländischen Produzentenpreis) festlegen. Die
mitunter beträchtliche Spanne zwischen Weltmarkt- und Auf-
kaufpreis bildet eine wichtige staatliche Einnahmequelle,
deren Ergiebigkeit naturgemäß von der Höhe des Weltmarktpreises abhängt. Somit üben Schwankungen des Weltmarktpreises, von mittelbaren Wirkungen abgesehen, auch unmittelbar
einen starken Einfluß auf die öffentlichen Einnahmen aus.

Allerdings dürfte aus verschiedenen Gründen die Abhängigkeit der öffentlichen Einnahmen von der Entwicklung der
(jeweiligen) Weltmarktpreise in Agrarländern nicht so groß
sein wie in Bergbau- oder Erdölländern:

- Beim Export von mineralischen Rohstoffen, insbesondere
  von Rohöl, werden, im Vergleich zu Agrarexporten gleicher
  Höhe, größere Profite erzielt, da Bergbau und Rohölförderung wesentlich höhere Renten abwerfen;

- Außerdem befinden sich diese Bereiche, im Gegensatz zur
  exportorientierten Landwirtschaft, größtenteils in öf-
  fentlichem Besitz, so daß auch die Gewinne ganz überwie-

gend dem Staat zufließen, während an den Profiten aus dem Agrarexport auch die privaten Landwirte wesentlich partizipieren.

Hinsichtlich des Verlaufs der realen Austauschrate stellt das Jahr 1980, ebenso wie für die Bergbauländer, auch für die Agrarländer einen wichtigen Einschnitt dar.

Phase 1 (1965-1980)

Die reale Austauschrate stieg in dieser Phase in allen Agrarländern tendenziell an; allerdings hatte dieser Trend von Land zu Land sehr unterschiedliche Intensität. Deutlich ausgeprägt war er nur in Tansania und Sudan, während er in den übrigen Ländern, in Kenia, Madagaskar und insbesondere in Malawi, sehr flach verlaufen ist. (Vgl. hierzu Tabelle 3.14).

Phase 2 (1980-1985)

Von 1980 an ging die reale Austauschrate in vier der fünf Agrarländer stetig zurück, lediglich in Tansania nahm sie eine gegenläufige Entwicklung und stieg weiterhin (bis Ende der Beobachtungsperiode) an. Der seit Beginn der achtziger Jahre abwärts gerichtete Trend war die Folge einer veränderten Wirtschaftspolitik, die unter anderem auf eine Verringerung der Haushaltsdefizite und einen flexibleren Wechselkurs abzielte. Mit Ausnahme Kenias und Madagaskars ist es jedoch den Agrarländern nicht gelungen, den Inflationsprozeß (bzw. die Haushaltesdefizite) wirksam einzudämmen. Der entscheidende Faktor für das Absinken der realen Austauschrate war die Währungspolitik, genauer gesagt, kontinuierliche und beträchtliche Währungsabwertungen, wie sie von allen Agrarländern vorgenommen worden sind. Auch Tansania hat erheblich abgewertet, aber dies reichte nicht

Tabelle 3.14: Agrarländer, Index der realen Austauschrate
(1980 = 100), gleitende 3-Jahresdurch-
schnitte, 1964-1984

Jahr	Kenia	Madagaskar	Malawi	Sudan	Tansania
1966	86,7	87,3	·	71,0	54,4
1967	85,6	85,8	·	69,0	59,3
1968	82,9	82,8	·	69,0	65,5
1969	79,7	78,0	90,1	67,0	69,7
1970	77,0	74,2	90,8	67,5	71,5
1971	76,2	74,6	93,7	68,1	71,5
1972	77,2	80,4	94,1	70,8	73,2
1973	79,1	82,1	93,5	77,2	75,9
1974	81,6	87,9	92,3	85,2	80,6
1975	80,5	86,4	89,8	89,4	80,3
1976	80,8	86,8	86,7	93,1	80,2
1977	84,4	82,6	85,5	94,5	80,5
1978	91,6	85,7	88,3	99,9	83,9
1979	97,7	92,9	94,2	101,3	91,1
1980	93,7	95,4	95,3	103,7	99,6
1981	87,0	93,4	90,9	92,2	111,4
1982	76,1	87,2	83,5	80,1	118,7
1983	70,2	79,9	77,3	71,8	119,4
1984	65,1	67,8	72,1	69,7	122,2

Quelle: Eigene Berechnungen

aus, um die Wirkung der galoppierenden Inflation zu kompen-
sieren, so daß die reale Austauschrate auch nach 1980 noch
rasch angestiegen ist. (Vgl. hierzu Tabelle 3.14).

Fazit: Wird nur auf die Tendenz abgestellt, so ist die
reale Austauschrate in den Agrarländern nicht grundsätzlich
anders verlaufen als in den Bergbauländern: zunächst Anstieg (bis etwa 1980) und danach Rückgang (mit Ausnahme
Tansanias). Graduell gesehen, dürfte jedoch – deutlich läßt
sich dies freilich nicht erkennen – ein Unterschied insofern vorliegen, als in den Agrarländern der Anstieg der
realen Austauschrate (bis 1980) schwächer als in den Bergbauländern gewesen ist. Aus den Ergebnissen läßt sich die
Schlußfolgerung ziehen, daß sich auch in den Agrarländern
über einen langen Abschnitt (1965-1980) der Beobachtungsperiode die Rahmenbedingungen für exportorientierte Bereiche (außerhalb des agrarischen Rohstoffsektors) zunehmend ungünstiger gestalteten, wobei diese Entwicklung, im
Durchschnitt betrachtet, allerdings weniger einschneidend
als in den Bergbauländern gewesen sein dürfte.

3.3 Zusammenfassung

Die Preiseinbrüche, denen mineralische Rohstoffe unterliegen, haben sich auf die Bergbau- und Erdölländer in Afrika
südlich der Sahara besonders negativ ausgewirkt, weil ihre
Exportstrukturen extrem einseitig auf die Ausfuhr mineralischer Rohstoffe ausgerichtet sind. Wie sich gezeigt hat,
ist zwischen 1965 und 1985 die Ausfuhr landwirtschaftlicher
und industrieller Güter real nicht gewachsen, so daß der
Diversifizierungsgrad der Exportstrukturen unverändert
niedrig geblieben ist.

Diese Entwicklung ist mit den Hypothesen der dutch desease
und der reverse dutch desease erklärt worden. Die beiden

Thesen besagen, daß sich aufgrund der stark schwankenden
Preise für mineralische Rohstoffe, in Verbindung mit einer
bestimmten Haushalts- und Währungspolitik, die reale Austauschrate über Aufschwung- und Abschwungphasen hinweg zum
Nachteil der Exportgüterbereiche (außerhalb des Rohstoffsektors) verschiebt. Wie die Analyse ergab, hat in den
meisten der an mineralischen Rohstoffen reichen Länder die
reale Austauschrate während eines sehr langen Abschnitts
der Beobachtungsperiode (von 1965 bis etwa 1980) auch tat-
sächlich einen solchen Verlauf genommen.

Für die beiden Falländer Sambia und Nigeria ließen sich
auch sehr deutlich die wirtschaftspolitischen Verhaltensmuster nachweisen, die den Thesen der dutch desease und der
reverse dutch desease zugrunde liegen. So wurden in der
Boomphase die öffentlichen Ausgaben rasch ausgeweitet, und
die Währung aufgewertet; und in der Baissephase wurden
weder die Ausgaben an die sinkenden oder stagnierenden
Einnahmen angepaßt, noch die Währungen den Marktverhältnissen entsprechend abgewertet.

In der ersten Hälfte der 80er Jahre bahnte sich eine Revision der Wirtschaftspolitik an. Die Haushaltsdefizite wurden eingedämmt und die Währungen in größerem Umfang abgewertet. Damit ist eine Entwicklung eingeleitet worden, die
eine Diversifizierung der Exportstrukturen wieder begünstigt oder zumindest weit weniger als früher behindert.

4. Mißerfolg bei der Weiterverarbeitung mineralischer Rohstoffe

Die Lima-Deklaration, proklamiert 1975 auf der Second Ge-
neral Conference der UNIDO, sah vor, daß die Entwicklungsländer ihren Beitrag zur Industrieproduktion (industriellen
Wertschöpfung) der Welt bis zum Jahr 2000 auf 25 % erhöhen
sollten. Dabei wurde ihnen, neben anderen Strategien, auch
vorgeschlagen, die Weiterverarbeitung ihrer Rohstoffe erheblich voranzutreiben. Da die Entwicklungsländer damals
wie heute bedeutende Rohstoffproduzenten waren und ihre
Rohstoffe größtenteils in unverarbeiteter Form exportier-
ten, wurde in der Weiterverarbeitung ein umfangreiches
Industriepotential erblickt.

Damit trat neben die binnenmarktorientierte und exportorientierte Industrialisierung noch eine dritte Strategie,
die sogenannte rohstofforientierte Industrialisierung (re-
source based industrialization, vgl. Nankani, 1979, S.
13 ff.). Sie besagt in ihrer weitesten Auslegung, daß die
in den Entwicklungsländern gewonnen Rohstoffe in zunehmen-
dem Maße auch dort veredelt oder weiterverarbeitet werden
sollen. Dabei war an Rohstoffe agrarischen und mineralischen Ursprungs gedacht, und die Weiterverarbeitung konnte
im Rohstoffland selber oder in einem anderen Entwicklungsland erfolgen. Die in der vorliegenden Analyse relevante
Frage, nämlich die Weiterverarbeitung mineralischer Rohstoffe in den jeweiligen Förderländern, bezieht sich folglich nur auf einen speziellen, freilich wichtigen Aspekt
dieser Industrialisierungsstrategie.

Die Begriffe binnenmarktorientierte und exportorientierte
Industrialisierung einerseits und rohstofforientierte Industrialisierung andererseits liegen auf verschiedenen
logischen Ebenen. Die beiden ersten stellen auf die Output-

seite ab, genauer gesagt, den Absatzraum der Outputs (In-
landsmarkt versus Exportmärkte), während für den dritten
die Inputseite relevant ist, sowohl die Art des Inputs
(Rohstoffe im Gegensatz zu intermediären Produkten) als
auch dessen Herkunft (Inland oder andere Entwicklungsländer).

Was den Absatzraum angeht, so können die Erzeugnisse roh-
stofforientierter Industrien grundsätzlich sowohl für den
Binnemarkt als auch für Exportmärkte bestimmt sein. Da in
den meisten Förderländern - dies gilt in besonderem Maße
für die rohstoffreichen Länder Afrikas südlich der Sahara -
die Aufnahmefähigkeit des Binnenmarktes im Vergleich zum
Ausmaß der Rohstoffgewinnung jedoch extrem gering ist,
setzt eine rohstofforientierte Industrialisierung zwangsläufig umfangreiche Exporte voraus. Daher kann sie durchaus
auch als eine Variante der exportorientierten Industrialisierungsstrategie verstanden werden.

Zugunsten der rohstofforientierten Industrialisierung wird
als besonders wichtiges Argument angeführt, daß sie einen
beträchtlichen Zuwachs an (industrieller) Wertschöpfung
ermögliche. Falls sich ihre Verfechter von rationalen öko-
nomischen Gesichtspunkten leiten lassen, ist zu vermuten,
daß sie von der Annahme ausgehen, die Weiterverarbeitung
mineralischer Rohstoffe in den Förderländern sei aus einzelwirtschaftlicher wie gesamtwirtschaftlicher Sicht ökono-
misch vorteilhaft. Diese Annahme impliziert letztlich, daß
die Förderländer insbesondere dank ihrer Nähe zum Rohstoff
gegenüber anderen Ländern, vor allem Industrieländern,
Standortvorteile besitzen.

Anhand der ausgewählten Rohstoffländer Afrikas südlich der
Sahara setzt sich die anschließende Analyse mit folgenden
Fragen auseinander:

- Sind die zugunsten einer stärkeren Weiterverarbeitung von mineralischen Rohstoffen vorgebrachten Argumente stichhaltig?

- Hat die Weiterverarbeitung während der letzten Dekade Fortschritte gemacht?

- In welchen Bereichen besitzen die Förderländer Standortvorteile?

4.1 Argumente für Weiterverarbeitung

Zusätzliche Wertschöpfung

Ein sehr häufig vorgebrachtes und als sehr wichtig erachtetes Argument besagt, daß die rohstoffreichen Entwicklungsländer durch die Weiterverarbeitung ihrer mineralischen Rohstoffe zusätzliche Wertschöpfung und damit auch zusätzliche Exporterlöse in beachtlichem Ausmaß erzielen können (vgl. UNIDO, 1980, S. 3). Denn, so wird behauptet, das nachgelagerte Erzeugnis enthalte eine wesentliche höhere Wertschöpfung als der entsprechende Rohstoff. Inwieweit trifft diese Behauptung auf die für Afrika südlich der Sahara besonders wichtigen mineralischen Rohstoffe zu, nämlich auf Erdöl, Kupfererz, Bauxit und Eisenerz?

Die folgende Analyse stützt sich auf Preisdifferenzen zwischen Rohstoff und nachgelagerten Erzeugnissen: bei metallischen Rohstoffen zwischen (angereichertem) Erz und reinem (raffiniertem) Metall und bei Erdöl zwischen Rohöl und Mineralölerzeugnissen. Als Indikator für die einzelnen Preise wurden die durchschnittlichen Exporterlöse je Mengeneinheit verwendet, die 1985 im Welthandel erzielt worden sind. Bei Erzen bezieht sich die Menge auf die Metallbestandteile.

Obschon Preisdifferenzen Wertschöpfungsunterschiede nicht zutreffend wiedergeben, können sie dazu doch gewisse nützliche Anhaltspunkte vermitteln. So kann aus einer großen Preisdifferenz zwar nicht verläßlich auf eine hohe zusätzliche Wertschöpfung geschlossen werden, aber andererseits ist eine geringe Preisdifferenz ein sicheres Anzeichen dafür, daß die Weiterverarbeitung des betreffenden Rohstoffs nur eine geringe zusätzliche Wertschöpfung ermöglicht.

In der Tabelle 4.1 sind für nachgelagerte Erzeugnisse Preisindizes ausgewiesen, wobei der Rohstoffpreis (bei Erzen der Preis je t Metallinhalt) die Basis (100) bildet. Es zeigt sich, daß die Preisdifferenzen zwischen (raffiniertem) Kupfer und (angereichertem) Kupfererz sowie zwischen Mineralölerzeugnissen und Rohöl sehr gering sind. Mit der Weiterverarbeitung der betreffenden Rohstoffe kann folglich keine umfangreiche zusätzliche Wertschöpfung erzielt werden. Für diese Breiche erweist sich das Wertschöpfungsargument nicht als stichhaltig.

Tabelle 4.1: Preisdifferenz zwischen Rohstoff und nachgelagerten Produkten, 1985 (Indexpunkte)

Rohstoff/Erzeugnis	Preisindex
Kupfer	
Kupfererz[a)	100,0
raffiniertes Kupfer	121,6
Aluminium	
Bauxit[a)	100,0
Aluminium	971,3
Eisen und Stahl	
Eisenerz[a)	100,0
Rohstahl[b)	972,2
Erdöl	
Rohöl	100,0
Mineralölerzeugnisse	rd. 125,0

a) Preis je t Metallinhalt
b) Rohblöcke, Halbzeug und Warmbreitband

Quelle: Errechnet aus Angaben in: UNCTAD, Commodity Yearbook 1988; UN, International Trade Statistics, Yearbook 1985.

Dagegen bestehen große Preisdifferenzen zwischen Rohstahl und (angereichertem) Eisenerz sowie zwischen Aluminium und Bauxit (vgl. Tabelle 4.1). Ganz offensichtlich führt bei diesen beiden Rohstoffen die Weiterverarbeitung zu einer beträchtlichen Wertsteigerung, die ein Vielfaches des Rohstoffwertes ausmacht. Eine Analyse der Kostenstrukturen zeigt jedoch (vgl. Brown und McKern, 1987, S. 112 und S. 128; Bundesanstalt für Bodenforschung und Deutsches Institut für Wirtschaftsforschung, 1973, S. 60 ff.), daß die Weiterverarbeitung von Eisenerz und Bauxit mit hohen Kapitalkosten verbunden ist und umfangreiche Inputs von Hilfs- und Betriebsstoffen, bei der Verhüttung von Aluminium insbesondere von Energie, erforderlich macht. Für die Verhüttung von Eisenerz muß, außer bei der Verwendung des Direktreduktionsverfahrens, noch ein weiterer Rohstoff, Kohle, eingesetzt werden. Die in der Weiterverarbeitung zusätzlich erzielbare Wertschöpfung ist folglich weitaus geringer, als aufgrund der großen Preisdifferenz zwischen Rohstoff und verarbeitetem Erzeugnis zunächst vermutet werden könnte.

Trotzdem ist nicht zu bestreiten, daß hinsichtlich der Weiterverarbeitung von Bauxit und Eisenerz dem Wertschöpfungsargument eine gewisse Berechtigung zukommt. Dies gilt insbesondere dann, wenn im weiterverarbeitenden Land Energie zu sehr niedrigen Opportunitätskosten zur Verfügung steht, wie beispielsweise Erdgas, das ansonsten abgefackelt würde, oder hydroelektrische Energie, die andernfalls nicht genutzt werden könnte. Weder in Guinea (Bauxit) noch in Liberia und Mauretanien (Eisenerz) sind jedoch derart günstige Voraussetzungen gegeben.

Grundsätzlich ist zu sagen, daß die Behauptung, die an mineralischen Rohstoffen reichen Länder könnten sich durch die Weiterverarbeitung ihrer Rohstoffe ein beträchtliches Potential an zusätzlicher Wertschöpfung erschließen, nur

ganz bedingt berechtigt ist. Denn zum einen ist dieses
Potential bei bestimmten Rohstoffarten (vgl. oben) relativ
gering und zum anderen kann es (bei Wahrung des Wirtschaft-
lichkeitsprinzips) wegen ungünstiger Standortbedingungen in
den betreffenden Ländern teilweise nicht genutzt werden
(vgl. Brown und McKern, 1987, S. 15).

Stabilisierung der Exporterlöse

Die Weiterverarbeitung von mineralischen Rohstoffen, so
wird vielfach behauptet, könnte zu einer Stabilisierung der
Exporterlöse beitragen. Dagegen läßt sich einwenden, daß
die Preisschwankungen bei Rohstoffen und bei den unmittelbar nachgelagerten Erzeugnissen weitgehend synchron zuein-
ander verlaufen, und sich daher durch die Weiterverarbeitung von Rohstoffen die Schwankungen der Exporterlöse nicht
wesentlich, sondern allenfalls geringfügig verringern lassen.

In diesem Zusammenhang weist G. Pommerening (1977, S. 150
f.) darauf hin, daß die Ausschläge der Metallpreise etwas
geringer seien als die der Erz- bzw. Konzentratpreise, so
daß die Verhüttung von Erzen die Erlösschwankungen etwas
dämpfe. Ein nicht unwesentlicher Aspekt ist auch, daß Roh-
metalle (anders als Konzentrate) börsenmäßig gehandelt
werden. Überschußmengen (Mengen, die im Rahmen bestehender
Lieferverträge nicht abgesetzt werden konnten) können folglich, wenn auch nur zu relativ niedrigen Preisen, an der
Börse angeboten werden, während dieser Absatzweg bei Kon-
zentraten nicht in Betracht kommt.

4.2 Stand der Weiterverarbeitung mineralischer Rohstoffe

4.2.1 Stufen der Weiterverarbeitung

Grundsätzlich kann die Gewinnung und Weiterverarbeitung mineralischer Rohstoffe in folgende Stufen eingeteilt werden:

- Förderung des Rohstoffs
- Herstellung von Grundstoffen
- Herstellung von Halbwaren

Einige Autoren setzen diese Stufenleiter noch bis zur Herstellung von komplexen Fertigerzeugnissen fort (vgl. UNIDO, 1981, S. 8). Im Mittelpunkt der Diskussion steht jedoch die Weiterverarbeitung mineralischer Rohstoffe zu Grundstoffen und anschließend zu Halbwaren. Auf diese beiden Stufen konzentrieren sich auch die folgenden Ausführungen.

Die Weiterverarbeitung der für die vorliegende Untersuchung relevanten Rohstoffe läßt sich - nach den jeweils hergestellten Produkten - wie folgt schematisieren:

- Kupfer
  Rohstoff   Kupfererz
  1. Stufe   Blisterkupfer (Zwischenprodukt),
                    Kupferrohmetall (Blöcke, Barren)
  2. Stufe   Kupferhalbzeug (Profile, Bleche etc.)

- Aluminium
  Rohstoff   Bauxit
  1. Stufe   Tonerde bzw. Alumina (Zwischenpro-
                    dukt), Aluminiumrohmetall (Blöcke,
                    Barren)
  2. Stufe   Aluminiumhalbzeug (Profile, Bleche
                    etc.)

- Eisen und Stahl
  Rohstoff   Eisenerz
  1. Stufe   Rohstahl (Rohblöcke, Halbzeug und
                    Warmbreitband)
  2. Stufe   Walzstahlfertigerzeugnisse (Profile,
                    Bleche, Drähte etc.)

- Erdölerzeugnisse

Rohstoff	Rohöl
1. Stufe	Mineralölprodukte (Flüßiggas, Motorenbenzin, Naphta, schweres und leichtes Heizöl, Gasöl, Schweröl, Bitumen und Petrokoks)
2. Stufe	Petrochemische Erzeugnisse (Primiärchemikalien und Endprodukte), Stickstoffdünger

4.2.2 Weiterverarbeitung in den ausgewählten Rohstoffländern

4.2.2.1 Kupfererz

Die Förderung von Kupfererz belief sich 1985 weltweit auf 8,35 Mill. t (Cu-Inhalt) und in Afrika südlich der Sahara auf 1,11 Mill. t oder auf 13,3 % der Weltproduktion. Der Abbau konzentriert sich dort - kleinere Mengen werden auch in Botswana, Namibia und Simbabwe gewonnen - auf Sambia und Zaire, wo 1985 519 600 t (6,2 % der Weltproduktion) bzw. 502 200 t (6,0 %) gefördert worden sind. (Vgl. hierzu Tabelle 4.2).

Tabelle 4.2: Förderung von Kupfererz in Sambia und Zaire, 1981-1985 (in 1 000 t Cu-Inhalt)

Jahr	Welt	Afrika s.d.S.	Sambia	Zaire
1981	8 030,6	1 179,1	587,4	504,8
1982	7 936,1	1 161,8	566,9	502,8
1983	7 942,0	1 141,2	542,8	502,2
1984	8 168,1	1 160,1	564,8	500,7
1985	8 335,1	1 112,1	519,6	502,1

Quelle: UNCTAD, Commodity Yearbook, 1987.

Sambia

Schon seit 1920 wird in Sambia Kupfererz abgebaut. Erschlossen wurden die im sogenannten Kupfergürtel (nahe der Grenze zu Zaire) lagernden Vorkommen von der AAC (Anglo

American Corporation) und der RST (Roan Selection Trust).
Im Rahmen der Mulungushi-Reform, verkündet 1968, wurden die
beiden ausländischen Bergbauunternehmen 1970 nationali-
siert. An den Nachfolgegesellschaften, der NCCM (Nchanga
Consolidated Copper Mines) und der RCM (Roan Consolidated
Copper Mines) waren die staatliche Holding ZIMCO (Zambian
Industrial and Mining Corporation) mit 51 % und die AAC und
RST mit 49 % beteiligt. Seit 1982 liegt die Kupfergewinnung
in der Hand der ZCCM (Zambian Consolidated Copper Mines),
die aus einem Zusammenschluß der NCCM und der RCM hervor-
gangen ist. Gut 60 % ihrer Anteile werden gegenwärtig von
ZIMCO gehalten; weitere wichtige Anteilseigner sind die AAC
(27 %) und die RST (6 %). Für die Vermarktung des Kupfers
(Metalls) ist die 1974 geschaffene, staatliche MEMCO (Metal
Marketing Corporation of Zambia) zuständig.

Die Kupferförderung, die sich in den 70er Jahren zwischen
600 000 und 700 000 t p.a. (Cu-Inhalt) bewegt hatte, ging
in der ersten Hälfte der 80er Jahre stetig zurück: von
587 000 t (1981) auf 520 000 t (1985). Im Durchschnitt
dieser fünf Jahre betrug sie 556 000 t. (Vgl. hierzu Tabelle 4.2).

Das gesamte anfallende Kupfererz wird zu Blisterkupfer und
anschließend zu raffiniertem Kupfer weiterverarbeitet und
in dieser Form (als Rohmetall) exportiert. Nur ein äußerst
geringer Teil des gewonnenen Rohmetalls (weniger als 1 %)
gelangt in die zweite Verarbeitungsstufe und dient der
Herstellung von NE-Metallhalbzeug. Die ZAMEFA (Zambia Metall Fabricators), eine Tochter der staatlichen INDECO
(Industrial Development Corporation), erzeugt Kupferstan-
gen, -knüppel, -drähte, -kabel u.a. und setzt ihre Produktion teilweise im Inland und teilweise auf ausländischen
Märkten ab. Die Produktionskapazität der ZAMEFA soll, insbesondere für den Export, in den kommenden Jahren weiter

ausgebaut werden. Selbst wenn sich dieser Plan realisieren
läßt, wird sich jedoch grundsätzlich nichts daran ändern,
daß nur ein verschwindend geringer Teil des gewonnenen
Rohmetalls die zweite Verarbeitungsstufe durchläuft.

Als Fazit ergibt sich, daß das in Zambia abgebaute Kupfererz in vollem Umfang im Inland eine Weiterverarbeitung
erfährt. Sie reicht – über das Zwischenprodukt Blisterkupfer – bis zum Ende der ersten Stufe (raffiniertes
Kupfermetall). Dagegen fehlt die zweite Stufe der Weiterverarbeitung (Herstellung von NE-Metallhalbzeug) noch fast
völlig.

Zaire

Der Kupferbergbau wird von zwei staatlichen Gesellschaften
beherrscht, die nach der Verstaatlichung ausländischer
Bergbauunternehmen in der zweiten Hälfte der 60er Jahre
entstanden sind: GECAMINES (Generales des Carrieres et des
Mines du Zaire) und SODIMIZA (Société de Développement
Industriel et Minier du Zaire). Beide Gesellschaften befinden sich vollständig in staatlichem Eigentum. GECAMINES,
die weitaus bedeutendere, fördert rund 90 % des in Zaire
gewonnenen Kupfererzes und hat seit 1984 das Monopol an der
Metallvermarktung.

Die Förderung von Kupfererz lag zwischen 1981 und 1985 –
von Jahr zur Jahr nahezu konstant – auf einem Niveau von
503 000 t p.a. (Cu-Inhalt, vgl. Tabelle 4.2). Auf der
Grundlage der beiden letzten Jahre (1984 und 1985) ergibt
sich für die Weiterverarbeitung des gewonnenen Kupfers (im
Durchschnitt der beiden Jahre 501 000 t p.a.) folgende
Struktur:

- Vom abgebauten Kupfer (100 %-Punkte) wurden 7 %-Punkte (als Erz) exportiert (weiterverarbeitet in Sambia) und 93 %-Punkte zu Blisterkupfer geschmolzen.

- Vom erzeugten Blisterkupfer (93 %-Punkte) gingen 48 %-Punkte in den Export, und 45 %-Punkte wurden zu Raffinadekupfer weiterverarbeitet und in dieser Form ausgeführt.

- Produktionsstätten zur Herstellung von NE-Metallhalbzeug bestehen in Zaire derzeit noch nicht und sind auf absehbare Zeit auch nicht geplant.

GECAMINES beabsichtigt, die erste Verarbeitungsstufe weiter auszubauen. Vorgesehen ist eine Kupferraffinerie (in Kolwezi) mit einer Kapazität von 100 000 t p.a. (Kupferraffinade). Dadurch könnten (bei gleichbleibender Förderung) etwa zwei Drittel des geförderten Kupfers (derzeit weniger als die Hälfte) zu raffiniertem Kupfer weiterverarbeitet werden.

Fazit: Die Weiterverarbeitung von Kupfererz beschränkt sich in Zaire auf die erste Stufe (vom Erz zum Rohmetall). Allerdings ist diese Stufe, anders als in Sambia, nicht voll ausgebaut. So kann mit der verfügbaren Raffineriekapazität nur knapp die Hälfte des anfallenden Kupfers zu raffiniertem Kupfer weiterverarbeitet werden, während der restliche Teil als Blisterkupfer (Zwischenprodukt auf der ersten Verarbeitungsstufe) ausgeführt wird. Die zweite Verarbeitungsstufe (NE-Metallhalbzeug) ist in Zaire noch nicht anzutreffen.

4.2.2.2 Bauxit

Die Weltförderung von Bauxit belief sich 1985 auf 19,0
Mill. t (Al-Inhalt). Afrika südlich der Sahara trug dazu
3,5 Mill. t (18,9 %) bei. Das einzige bedeutende Förderland
in dieser Region - geringe Mengen werden auch in Sierra
Leone und Ghana abgebaut - ist Guinea, das 1985 mit einer
Förderung von 3,3 Mill. t einen Anteil von 17,3 % an der
Weltproduktion hatte und über die drittgrößten Reserven an
(hochwertigem) Bauxit verfügt. (Vgl. hierzu Tabelle 4.3).

Tabelle 4.3: Förderung von Bauxit in Guinea, 1981-1985
             (1 000 t Al-Inhalt)

Jahr	Welt	Afrika s.d.S.	Guinea
1981	19 099,5	3 199,9	2 949,1
1982	16 824,7	2 862,9	2 720,2
1983	17 122,6	3 173,4	2 986,8
1984	20 060,1	3 624,3	3 389,7
1985	19 015,3	3 573,2	3 295,7

Quelle: UNCTAD, Commodity Yearbook, 1987.

In die Förderung von Bauxit, die 1960 aufgenomen wurde,
teilen sich drei Bergbaugesellschaften: die CBG (Compagnie
des Bauxites des Guinée), die weitaus bedeutendste unter
ihnen, die OBK (Office des Bauxites de Kindia) und die
FRIGULA. Der Staat ist der alleinige Eigentümer der OBK und
besitzt an den anderen beiden Gesellschaften jeweils 49 %
der Anteile, während sich die Mehrheitsanteile in der Hand
ausländischer Unternehmen aus den USA (Halco), Frankreich,
Kanada, Schweiz u.a. befinden.

Die Förderung von Bauxit bewegte sich zwischen 1981 und
1985 auf einem (durchschnittlichen) Niveau von 3,1 Mill. t
p.a. (Al-Inhalt) und betrug 1985 3,3 Mill. t. Etwa 10 % des

abgebauten Erzes werden zu Tonerde (Alumina) weiterverarbeitet, einem Zwischenprodukt auf der ersten Verarbeitungsstufe (vom Erz zum Rohmetall). Aluminium wird in Guinea nicht hergestellt. Das gewonnene Bauxit wird somit zu 90 % als Erz (Rohstoff) und zu 10 % als Tonerde (Produkt einer niedrigen Verarbeitungsstufe) exportiert.

Es bestehen Pläne, neue Bauxitvorkommen zu erschließen und Raffinerie- und Schmelzanlagen zur Herstellung von Tonerde und Aluminium zu errichten. Verantwortlich für diese Projekte sind die Société des Bauxites de Guinée und die Guinean-Arab Alumina and Aluminium Company. Beide Gesellschaften sind Konsortien zwischen dem guineischen Staat und ausländischen Unternehmen, wobei der Staat an der ersten Gesellschaft mit 51 % und an der zweiten mit 50 % beteiligt ist. Falls sich die Vorhaben wie geplant realisieren lassen, wird nicht nur die Förderkapazität, sondern auch die Kapazität zur Herstellung von Tonerde und Aluminium beträchtlich zunehmen. Als Folge davon könnte ein wesentlich größerer Prozentsatz des geförderten Bauxits als bisher im Inland einer Weiterverarbeitung (auf der ersten Stufe) unterzogen werden.

Fazit: Nahezu das gesamte in Guinea abgebaute Bauxit wird als Rohstoff (Erz) ausgeführt. Lediglich rund 10 % der Förderung werden zu Tonerde weiterverarbeitet und in dieser Form exportiert.

4.2.2.3 Eisenerz

Im Jahr 1985 wurden in der gesamten Welt 520,5 Mill. t Eisenerz (Fe-Inhalt) gefördert. Davon entfielen auf Afrika südlich der Sahara 19,5 Mill. t (3,7 %) und auf die beiden weitaus wichtigsten Förderländer dieser Region, Liberia und

Mauretanien, 9,8 Mill. t (1,9 %) und 6,0 Mill. t (1,2 %).
(Vgl. hierzu Tabelle 4.4).

Tabelle 4.4: Förderung von Eisenerz in Liberia und Mauretanien, 1981-1985 (Mill. t Fe-Inhalt)

Jahr	Welt	Afrika s.d.S.	Liberia	Mauretanien
1981	514,45	17,99	11,92	5,38
1982	470,28	16,89	10,98	5,34
1983	447,42	14,51	9,40	4,29
1984	508,90	16,59	9,82	5,85
1985	520,53	16,61	9,83	5,98

Quelle: UNCTAD, Commodity Yearbook, 1987.

Liberia

Liberia besitzt sehr umfangreiche Eisenerzvorkommen (geschätzte Reserven rund 800 Mill. t Erz), die großenteils
sehr hochwertige Erze (Fe-Gehalt bis zu 65 %) bergen. An
der Förderung von Eisenerz sind drei Bergbaugesellschaften
beteiligt: LAMCO, die National Iron Ore Company und die
Bong Mining Company. Die bedeutendste unter ihnen ist
LAMCO, die auch eine Pelletierungsanlage betreibt. Die
Anteile von LAMCO und der National Iron Ore Company werden
zu 62,5 % bzw. zu 50 % vom liberianischen Staat und im
übrigen von ausländischen Gesellschaften gehalten. Die Bong
Mining Company befindet sich mehrheitlich im Eigentum ausländischer (deutscher) Unternehmen.

Die Eisenerzförderung, die zwischen 1981 und 1985 leicht
gesunken ist, bewegte sich während dieses Zeitraums auf
einem durchschnittlichen Niveau von 10,3 Mill. t p.a.
(Fe-Inhalt) und erreichte 1985 9,8 Mill. t (vgl. Tabelle
4.4). Das gewonnene Erz wurde in vollem Umfang als Rohstoff, in der Form von Erz und Konzentrat (darunter auch

Pellets), exportiert. Eine Weiterverarbeitung von Eisenerz
zu Grundstoffen (Roheisen und Rohstahl) oder gar zu Walz-
stahlfertigerzeunigssen findet nicht statt und ist für
absehbare Zeit auch nicht geplant.

Mauretanien

Die Förderung von Eisenerz wurde erst 1963 von MIFERMA,
einer ausländischen Bergbaugesellschaft (mit Beteiligungen
von Frankreich, Großbritannien, Italien und der Bundesrepublik), aufgenommen. Der mauretanische Staat hielt lediglich 5 % der Anteile. 1974 wurde MIFERMA nationalisiert,
in COMINOR (Comptoir Minier du Nord) umbenannt und von der
staatlichen Holding SNIM (Société Industrielle et Miniere)
übernommen. An SNIM, die früher zu 100 % dem Staat gehörte,
sind seit kurzem auch ausländischen (arabische) Gesellschaften mit etwa 30 % beteiligt.

Die Eisenerzförderung, die zwichen 1981 und 1985 auf einem
durchschnittlichen Niveau von 5,6 Mill. t p.a. (Fe-Inhalt)
lag, belief sich 1985 auf 6,0 Mill. t (vgl. Tabelle 4.4).
Das abgebaute Eisenerz wird, von äußerst geringen Mengen
abgesehen, als Erz und Konzentrat im Ausland abgesetzt.

1981 wurde ein kleines Stahlwerk zur Herstellung von Walz-
stahlfertigerzeugnissen errichtet. Es gelangte 1984 in den
Besitz von SAFA (Société Arabe du Fer et de l'Acier en
Mauritanie), eines Joint Venture zwischen der staatlichen
SNIM und den arabischen Gesellschaften Arab Company (Jor-
danien) und Arab Iron and Steel (Bahrein). Die Produktions-
kapazität des Stahlwerks (36 000 t p.a.), dessen Erzeugnis-
se überwiegend für den Export (vornehmlich in arabische
Länder) bestimmt sind, ist bisher nur zu einem geringen
Teil ausgelastet worden.

Fazit: Das in Liberia und Mauretanien gewonnene Eisenerz geht fast ausnahmslos als Rohstoff (Erz und Konzentrat) in den Export. In den Förderländern erfolgt somit nur eine Aufbereitung der Erze, aber keine Weiterverarbeitung zu Rohmetall (Roheisen, Rohstahl) oder gar zu Walzstahlfertig-erzeugnissen.

4.2.2.4 Erdöl

Im Jahr 1985 wurden in der Welt 2 721 Mill. t Rohöl gewonnen. Das bedeutendste Förderland in Afrika südlich der Sahara, das der OPEC angehörende Nigeria, hatte daran einen Anteil von 74 Mill. t oder 2,7 %. In den beiden anderen ölreichen Untersuchungsländern, Kamerun und Kongo, die sich der OPEC nicht angeschlossen haben, belief sich die Rohöl-förderung 1985 auf 8,4 Mill. t (Anteil an der Weltproduktion: 0,3 %) und 5,8 Mill. t (0,2 %). (Vgl. hierzu Tabelle 4.5).

Nigeria

Nigeria verfügt über umfangreiche Erdöl- und Erdgasvorkommen. Die bekannten Reserven belaufen sich (1986) auf rd. 1 300 Mrd. cbm Erdgas und 2,2 Mrd. t Erdöl. Bei einem För-dervolumen von etwa 75 Mill. t p.a. (Stand von 1985) ist die Rohölproduktion für weitere 30 Jahre gesichert. Die vorläufigen Ergebnisse der laufenden Prospektierungen las-sen vermuten, daß sich die (bekannten) Reserven im Laufe der nächsten Jahre auf rd. 2,8 Mill. t Erdöl erhöhen wer-den.

An der Rohölförderung, die 1965 aufgenommen wurde, waren anfänglich nur ausländische Gesellschaften beteiligt. Im Zuge der Nigerianisierung wurden ihre Anteile 1974 mehr-heitlich vom Staat übernommen. Als staatliche Holding fun-

gierte zunächst die National Oil Corporation, die 1979
aufgelöst wurde. Ihre Aufgabe übernahm die Nigerian National Petroleum Corporation (NNPC), die an allen Bohrgesellschaften des Landes, mit Ausnahme der Ashland Oil Nigeria,
mit mindestens 60 % beteiligt ist. Wichtigste Gesellschaft
ist die Shell Petroleum Development Company of Nigeria, auf
die rd. die Hälfte der gesamten Fördermenge entfällt; an
weiteren bedeutenden Gesellschaften sind Gulf, Mobil,
Texaco und Agip zu nennen.

Tabelle 4.5: Rohölförderung in Nigeria, Kamerun und Kongo,
1981-1985 (Mill. t)

Jahr	Welt	Nigeria	Kamerun	Kongo
1981	2 865,41	71,17	3,40	4,01
1982	2 755,39	63,47	4,70	4,55
1983	2 719,36	61,05	5,80	5,37
1984	2 786,08	68,02	7,00	5,88
1985	2 721,05	74,18	8,40	5,82

Quellen: für Welt und Nigeria: Bergbau, Öl und Gas, Elek-
trizität, Chemie, Jahrbuch 1987/88;
für Kamerun: Weltbank, Cameroon, 1987;
für Kongo: Economist Intelligence Unit, Country
Profile, Congo, 1986-87.

Die Rohölförderung in Nigeria erreichte 1979 mit einem
Volumen von rd. 115 Mill. t ihren Höhepunkt. Sie ging in
den beiden folgenden Jahren (1980 und 1981) beträchtlich
zurück, bewegte sich dann (1981-1985) zwischen 60 und 75
Mill. t p.a. und lag 1985 bei 74 Mill. t. In Verbindung mit
der Rohölförderung fallen auch beträchtliche Menge an Erdgas an, die bis auf einen sehr geringen Teil abgefackelt
werden. Die Errichtung einer Gasverflüssigungsanlage, ein
seit langem erwogenes Projekt, ist, nicht zuletzt wegen
finanzieller Schwierigkeiten der Regierung, bis auf weiteres verschoben worden. (Vgl. hierzu Tabelle 4.5).

Obschon noch immer der weitaus größte Teil des geförderten
Rohöls exportiert wird, ist während der letzten zehn Jahre
eine bedeutende, Rohöl verarbeitende Industrie entstanden.
Das gilt insbesondere für die erste Verarbeitungsstufe, die
Herstellung von Mineralölerzeugnissen (Raffineriesektor).
Dagegen steckt die zweite Stufe, die Herstellung von petro-
chemischen Erzeugnissen und Stickstoffdünger, noch in den
Anfängen. Diese Stufe soll in den kommenden Jahren erheb-
lich ausgebaut werden.

- Mineralölprodukte (erste Verarbeitungsstufe)

In Nigeria bestehen gegenwärtig (1988) drei Raffinerien:
in Port Harcourt (Inbetriebnahme 1965, Durchsatzkapazität
rd. 3 Mill. t Rohöl p.a.), in Warri (1978, rd. 5 Mill. t
p.a.) und in Kaduna (1980, rd. 5 Mill. t p.a.). Sie verfügen zusammen über eine Kapazität von 13 Mill. t p.a.
Die Raffinerie in Warri wird derzeit auf eine Kapazität
von rd. 6 Mill. t p.a. ausgeweitet, und in Alesa Eleme
(nahe Port Harcourt) befindet sich eine weitere Raffinerie (mit einer Kapazität von rd. 7,5 Mill. t p.a.) im
Aufbau. In wenigen Jahren wird Nigeria somit über eine
Raffineriekapazität von rd. 21,5 Mill. t p.a. verfügen.
Sie wird nicht nur ausreichen, den inländischen Bedarf in
vollem Umfang zu decken, sondern daneben noch Exporte
ermöglichen. Dabei wird insbesondere an Ausfuhren in die
ECOWAS (Economic Community of Westafrican States) gedacht, der Nigeria seit ihrer Gründung im Jahr 1975 angehört.

1985 hat der Raffineriesektor, der seine Kapazität infolge technischer Probleme bei weitem nicht voll auslasten konnte, rd. 8,5 Mill. t Rohöl zu Mineralölerzeugnissen verarbeitet. Das entsprach rd. 12 % der Fördermenge (1985: 74 Mill. t). Die Mineralölerzeugnisse wurden

ausschließlich im Inland abgesetzt und deckten etwa zwei Drittel des inländischen Bedarfs. Die Deckungslücke wurde von Off-Shore-Raffinerien geschlossen, die ausländischen Gesellschaften gehören und im Auftrag der NNPC nigerianisches Rohöl raffinieren.

- Petrochemische Erzeugnisse und Stickstoffdünger (zweite Verarbeitungsstufe)

Erst in den letzten Jahren sind in Nigeria Anlagen in Betrieb genommen worden, die petrochemische Produkte und Stickstoffdünger herstellen. Es handelt sich dabei um eine Düngemittelfabrik in Onne (nahe Port Harcourt) und um petrochemische Anlagen in Warri und Kaduna.

Die Düngemittelfabrik (National Fertiliser Company of Nigeria), ein Joint Venture zwischen dem nigerianischen Staat und einer US-Firma, nahm Ende 1987 die Produktion auf. Sie verfügt über eine Kapazität von 700 000 t Stickstoffdünger p.a. (400 000 t Urea und 300 000 t Volldünger).

Im Rahmen eines längerfristigen Entwicklungsprogramms, das gegenüber der ursprünglichen Konzeption infolge finanzieller Engpässe nicht unerheblich gekürzt und auf einen längeren Zeitraum verteilt worden ist, soll eine umfangreiche petrochemische Industrie aufgebaut werden. Mit beträchtlichen Verzögerungen ist inzwischen die erste Stufe des Programms, die Errichtung petrochemischer Anlagen in Warri und Kaduna, abgeschlossen worden. Die zweite Stufe wurde erst vor kurzem - mit der Erstellung von Feasibility-Studien für einige Anlage des geplanten petrochemischen Komplexes in Alesa Eleme - in Angriff genommen.

Während die petrochemischen Anlagen in Kaduna (Herstellung von Lösungsmitteln, Waschmitteln und Acrylbenzol) sich noch in der Erprobung (Testläufe) befinden, sind die in Warri Ende 1987 in Produktion gegangen. Sie haben eine Jahreskapazität von 25 000 t Ruß und von 35 000 t Polypropylen. Die Produktion ist ausschießlich für den inländischen Markt bestimmt, unter anderem zur Versorgung der inländischen Reifenindustrie.

Fazit: Der ganz überwiegende Teil des geförderten Rohöls (etwa 85 %, einschließlich der an ausländische Off-Shore-Raffinerien gelieferten Mengen) wird als Rohstoff exportiert. Das im Inland verarbeitete Rohöl (teilweise auch Erdgas) dient ausschließlich der Versorgung des heimischen Marktes. Die erste Verarbeitungsstufe (Raffineriesektor) ist, gemessen am inländischen Verbrauchsniveau, schon gut ausgebaut, während die Produktionskapazität der zweiten Stufe (petrochemische Industrie) noch weit hinter dem inländischen Bedarf zurückbleibt.

Kamerun

Die Erdöl- und Erdgasreserven Kameruns sind verhältnismäßig gering: rd. 75 Mill. t Erdöl und rd. 100 Mrd. cbm Erdgas, das größtenteils nicht mit dem Erdöl assoziiert ist. Die erst 1978 aufgenommene Rohölförderung ist seither stetig angestiegen: zwischen 1981 und 1985 von 3,4 Mill. t p.a. auf 8,4 Mill. t p.a. Die Ausweitung der Förderung war möglich, weil Kamerun nicht der OPEC angehört und daher keinen Mengenbeschränkungen unterliegt. (Vgl. hierzu Tabelle 4.5).

In der Rohölförderung sind drei, sich in ausländischem Eigentum befindliche Ölgesellschaften tätig: ELF-CEREPCA, TOTAL und SHELL PECTEM. Zwischen ihnen und der staatlichen Holding SNH (Société Nationale des Hydrocarbures) bestehen sogenannte Production-Sharing-Contracts, wonach zwischen 60 % und 70 % des geförderten Rohöls der SNH zufallen. Ihr Anteil an der in der Rohölgewinnung erzielten Nettowertschöpfung wird auf rd. 85 % geschätzt.

Erst seit 1981 wird ein Teil des geförderten Rohöls im Inland zu Mineralölerzeugnissen weiterverarbeitet. Die in diesem Jahr in Betrieb genommene Raffinerie (SONARA: Société Nationale de Raffinage) besitzt eine Durchsatzkapazität von 1,8 Mill. t Rohöl p.a. (oder von gut 20 % des Fördervolumens von 1985). Rd. 1,3 Mill. t Rohöl (etwa 15 % der Fördermenge) sind 1985 zu Mineralölerzeugnissen verarbeitet worden, die zu etwa zwei Dritteln (800 000 t) auf dem lokalen Markt und zu etwa einem Drittel (500 000 t) in Nachbarländern abgesetzt worden sind.

Fazit: Das gewonnene Rohöl wird zu etwa 85 % (1985) exportiert und zu etwa 15 % in Inland raffiniert (erste Verarbeitungsstufe). Die hergestellten Mineralölerzeugnisse werden überwiegend auf dem heimischen Markt und daneben in Nachbarländern abgesetzt. Petrochemische Anlagen (zweite Verarbeitungsstufe) existieren in Kamerun derzeit noch nicht.

Kongo

Die bekannten Erdölreserven Kongos, fast ausschließlich off-shore gelegen, sind mit 800 Mill. t relativ umfangreich. Jedoch ist der größte Teil mit den derzeitigen Technologien noch nicht abbaubar oder infolge zu hoher Förderkosten nicht abbauwürdig. Die verwertbaren Erdölreserven belaufen sich auf lediglich 50 Mill. t.

Erst in den siebziger Jahren erreichte die Rohölförderung ein nennenswertes Ausmaß. Sie lag 1981 bei 4,0 Mill. t und weitete sich in den folgenden Jahre auf 5,8 Mill. t p.a. (1985) aus (vgl. Tabelle 4.5). In die Rohölförderung teilen sich zwei Bohrgesellschaften, die ELF-Congo und die AGIP-RECHERCHES-CONGO, an denen der Staat mit 25 % bzw. 20 % beteiligt ist; die Anteilsmehrheit wird von den ausländischen Gesellschaften ELF-AQUITAINE und AGIP gehalten.

Bis 1982 ging die gesamte Fördermenge in den Export. Im folgenden Jahr nahm die CORAF (CONGOLAIS DE RAFFINAGE), die zu 60 % der (staatlichen) HYDRO-CONGO und zu 40 % der ausländischen ELF-AQUITAINE gehört, eine Raffinerie (in Pointe Noire) mit einer Durchsatzkapazität von 1 Mill. t p.a. in Betrieb. 1984 wurden rd. 550 000 t Rohöl – das sind knapp 10 % der in diesem Jahr geförderten Menge – zu Mineralölerzeugnissen verarbeitet, die überwiegend auf dem heimischen Markt (daneben in Nachbarländern) abgesetzt wurden und den inländischen Bedarf, bis auf wenige Teilbereiche, vollständig deckten. Petrochemische Anlagen und Stickstoffdüngerfabriken (Betriebe der zweiten Verarbeitungsstufe) sind bisher in Kongo nicht errichtet worden.

Fazit: Etwa 90 % des geförderten Rohöls werden als Rohstoff ausgeführt; lediglich 10 % gelangen in die ersten Verarbeitungsstufe (Raffineriesektor). Die dort erzeugten Mineralölerzeugnisse dienen überwiegend der Versorgung des inländischen Marktes. Die zweite Verarbeitungsstufe ist noch nicht existent.

4.3 Standortfaktoren

Im folgenden werden einige, für die Weiterverarbeitung mineralischer Rohstoffe wichtige Standortfaktoren erörtert. Dabei interessiert jeweils die Frage, ob die Förderländer (in der vorliegenden Studie Länder Afrikas südlich der Sahara) gegenüber den Industrieländern Standortvorteile oder -nachteile haben. In diesem Zusammenhang wird unterstellt, daß die (gegebenenfalls) weiterverarbeiteten Rohstoffe nicht in den Förderländern, sondern in den Industrieländern verbraucht werden. Folglich ist die Weiterverarbeitung auf den Export ausgerichtet. Diese Annahme erscheint deshalb sinnvoll, weil in den Förderländern Afrikas südlich der Sahara die Aufnahmefähigkeit des Binnenmarktes so gering ist, daß die anfallenden Rohstoffe nur bei einer Exportorientierung in großem Umfang weiterverarbeitet werden können.

Die (mehr in qualitativer Form) ermittelten Standortvorteile und -nachteile beziehen sich jeweils auf einen einzigen oder einzelne Standortfaktoren. Sie betreffen also nur wichtige Teilaspekte und lassen keine umfassende, alle relevanten Faktoren berücksichtigende Standortbeurteilung zu.

4.3.1 Transportkosten

Die Transportkosten, die in der Standorttheorie von Alfred Weber den zentralen Aspekt darstellen, sind insbesondere für die Verhüttung von metallischen Rohstoffen (Erzen), d.h. für die erste Verarbeitungsstufe vom Erz zum Rohmetall, von großer Bedeutung (vgl. Mewes, 1986, S. 48 ff.; UNIDO, 1981, S. 26 f.). Dabei sind grundsätzlich zwei Fälle zu unterscheiden: im ersten kommt (von Energiestoffen abgesehen) nur ein einziger Rohstoff zum Einsatz, im zweiten sind noch weitere Rohstoffe erforderlich. Der erste Fall ist kennzeichnend für die Verhüttung von Kupfererz und Bauxit, der zweite für die Verhüttung von Eisenerz, die, außer im Fall des Direktreduktionsverfahrens, den Einsatz von Kohle erfordert.

- Der Standort Förderland (gegenüber Industrieland) ermöglicht Transportkostenersparnisse, die vom Gewichtsverlust abhängen, der bei der Verhüttung dbs Erzes eintritt. Er wird naturgemäß vom Metallgehalt bestimmt, der sich bei Kupferkonzentrat und bei Bauxit auf rd. 20 % bis 25 % beläuft. Bei einer Verhüttung im Förderland lassen sich somit beträchtliche Transportkostenersparnisse erzielen.

- Bei Eisenerz oder -konzentrat liegt der Metallgehalt bei 50 bis 60 %, so daß die Verhüttung im Förderland die Transportkosten weit weniger absenkt als im Fall von Kupfer oder Bauxit. Hinzu kommt, daß zur Verhüttung von Eisenerz Kohle erforderlich ist, wobei zur Herstellung einer gegebenen Menge von Stahl das Gewicht der benötigten Kohle das des benötigten Eisenerzkonzentrats übersteigt. Falls das Eisenerz fördernde Land nicht gleichzeitig auch Kohle (der erforderlichen Art) abbaut, hat es somit bei der Verhüttung von Eisenerz gegenüber Kohle fördernden Ländern Transportkostennachteile. Diese Konstellation trifft auch auf Liberia und Mauretanien zu, die beide über keine Kohlevorkommen verfügen.

Die obigen Überlegungen bezogen sich auf die erste Stufe der Weiterverarbeitung von metallischen Rohstoffen (vom Erz zum Rohmetall). Für die zweite Verarbeitungsstufe (Herstellung von NE-Metallhalbzeug und Walzstahlfertigerzeunisse) ist der Transportkostenaspekt weniger bedeutsam (geringe oder keine Gewichtsverluste des eingesetzten Vormaterials). Er dürfte sich auf den Standort "Förderland" eher negativ auswirken, denn die Transportkosten für den Export von NE-Metallhalbzeug und Walzstahlfertigerzeugnisse sind - wenn man von einem Volumentarif ausgeht - höher als die für den Export von Rohmetall.

4.3.2 Faktorkosten

Der Faktorproportionentheorie zufolge haben Entwicklungsländer (gegenüber Industrieländern) bei arbeitsintensiven
Produktionsprozessen (komparative) Vorteile, da dort die
Arbeitskosten niedriger und die Kapitalkosten höher sind.
Anders als in der Theorie angenommen, stellt die Arbeits-
kraft jedoch keinen homogenen Produktionsfaktor dar, sondern gliedert sich, je nach Qualifikation, in recht verschiedene Gruppen. Stark vereinfachend, kann zwischen Fach-
kräften und Nicht-Fachkräften unterschieden werden. Bei der
ersten Gruppe ist das Lohnniveau in den Entwicklungsländern
oft nur geringfügig niedriger als in den Industrieländern,
teilweise sogar nicht unerheblich höher, wenn Fachkräfte
aus dem Ausland (meist aus Industrieländern) rekrutiert
werden müssen. Der Arbeitskostenvorteil, den ein Produk-
tionsbetrieb in einem Entwicklungsland erzielen kann, ist
folglich um so geringer, je höher der Anteil der Fachkräfte
an der Belegschaft ist.

Die Verarbeitung von mineralischen Rohstoffen weist unter
anderem folgende typische Merkmale auf:

- Sie zählt zu den sehr kapitalintensiven Produktionsbe-
  reichen (vgl. Nankani, 1979, S. 26 ff.). Teilweise ist
  sogar die Kapitalintensität in den Entwicklungsländern
  noch höher als in den Industrieländern, da zur Errichtung
  der Anlagen (gleichen Typs) höhere Investitionskosten
  erforderlich sind. Dazu tragen höhere Kosten für den
  Antransport der Investitionsgüter, höhere Montagekosten
  u.a. bei. Wie Beispiele belegen, kann die Differenz 25 %
  bis 35 % der in Industrieländern erforderlichen Investitionskosten betragen (vgl. UNIDO, 1981, S. 20; Brown und
  McKern, 1987, S. 18).

- Die Weiterverarbeitung mineralischer Rohstoffe erfordert,
bezogen auf die Belegschaft, relativ viele Fachkräfte,
die in den Entwicklungsländern Afrikas südlich der Sahara
nach wie vor zu einem sehr großen Teil in Industrieländern angeworben werden müssen (vgl. Mewes, 1986, S. 34).
Hinzu kommt, daß im Bergbau und in den nachgelagerten
Stufen, infolge starker und oft auch politisch sehr ein-
flußreicher Gewerkschaften (wie beispielsweise in Sambia), das Lohnniveau ganz generell weit über dem Durchschnitt des Landes liegt.

Diese Überlegungen lassen (auf der Grundlage der Faktorproportionentheorie, die nur Arbeits- und Kapitalkosten berücksichtigt und andere Aspekte, wie beispielsweise Trans-
port- und Energiekosten, außer Acht läßt) darauf schließen,
daß bei der Weiterverarbeitung von mineralischen Rohstoffen
die Entwicklungsländer gegenüber Industrieländern eher im
Nachteil als im Vorteil sind.

4.3.3 Energiekosten

Die Energiekosten sind insbesondere für die Herstellung von
Rohmetall (NE-Metall, Rohstahl auf der Basis des Direktreduktionsverfahrens), somit für die erste Verarbeitungsstufe, von großer Bedeutung, da diese einen umfangreichen
Energieeinsatz erfordert. Unter den ausgewählten Bergbauländern verfügen nur Sambia und Zaire über günstige Energiequellen (Wasserkraft), während Guinea, Liberia und Mauretanien diesen Vorteil nicht besitzen.

Extrem groß ist der Energiebedarf bei der Verhüttung von
Aluminium (vgl. Brown und McKern, 1987, S. 31 f.; Gocht,
1983, S. 182). Da Guinea günstige Energiequellen fehlen,
hat es - hinsichtlich der Energiekosten - gegenüber ener-
giereichen Ländern einen beträchtlichen Standortnachteil.

So ist es auch zu erklären, daß fast das gesamte in Guinea
geförderte Bauxit als Rohstoff exportiert und in energie-
reichen Ländern zu Aluminium verarbeitet wird.

Günstige Energiequellen sind in den Ölländern Afrikas südlich der Sahara, insbesondere in Nigeria, anzutreffen;
nicht nur weil sie eigenes Erdöl besitzen, sondern vor
allem weil bei der Rohölförderung beträchtliche Mengen an
Erdgas anfallen, die fehlender Verwendungsmöglichkeiten
wegen zum größten Teil abgefackelt werden. Zumindest unter
dem Aspekt der Energiekosten bieten diese Länder, die selber über keine oder nur unbedeutende Erzvorkommen verfügen,
günstige Standortbedingungen für die Weiterverarbeitung von
Erzen (aus afrikanischen Bergbauländern) zu Rohmetall.

4.3.4 Kosten für Umweltschutz

Bei der Verarbeitung von mineralischen Rohstoffen fallen in
einigen Bereichen beträchtliche Mengen an Schadstoffen an,
beispielsweise bei der Verhüttung von Kupfererz, so daß
auch die Umwelt einen nicht unbedeutenden Aspekt bei der
Standortwahl bildet (vgl. Brown und McKern, 1987, S. 43;
Gocht, 1983, S. 134 f.). Die (betrieblichen) Kosten zum
Schutz der Umwelt sind in den Entwicklungsländern generell
erheblich niedriger als in den Industrieländern, da dort
der Industriebetrieb kaum Auflagen unterliegt. Aus dem
Blickwinkel der Kosten für Umweltschutz kommt somit den
Entwicklungsländern gegenüber den Industrieländern aus
einzelwirtschaftlicher Sicht ein Standortvorteil zu.

In neueren Untersuchungen ist allerdings mehrfach festge-
stellt worden, daß auch in den Entwicklungsländern, zumindest in bestimmten Regionen, der Grad der Umweltbelastung
schon sehr hoch ist. Dies läßt vermuten, daß bei der Res-
source Umwelt der Standortvorteil der Entwicklungsländer

aus gesamtwirtschaftlicher oder sozialer Sicht nicht allzu groß sein dürfte. Daß aus einzelwirtschaftlicher Sicht doch ein beträchtlicher Unterschied besteht, ist weitgehend darauf zurückzuführen, daß die sozialen Umweltkosten in den Entwicklungsländern bei weitem noch nicht in dem Maße internalisiert worden sind wie in den Industrieländern.

4.3.5 Friktionen bei der Standortwahl

Bisher ging es um eine Analyse von solchen Standortfaktoren, die sich auf die Produktionskosten auswirken. Im folgenden werden noch einige Aspekte behandelt, die weitgehend kostenneutral sind, aber trotzdem die Standortwahl beeinflussen, und zwar in der Weise, daß sie bestehende Standortstrukturen begünstigen und damit Standortverlagerungen in Entwicklungsländer mittel- oder längerfristig erschweren.

4.3.5.1 Geringe Kapazitätsauslastung

Da das wirtschaftliche Wachstum in den Industrieländern während der letzten Dekade weit hinter den Prognosen zurück geblieben ist, hat auch der Verbrauch von mineralischen Rohstoffen viel langsamer als erwartet zugenommen. Daneben trug zu dieser Entwicklung auch bei, daß sich, in nicht vorhergesehenem Ausmaß, die Recycling-Rate erhöht hat und – das gilt vor allem für NE-Metalle – tiefgreifende Substitutionsprozesse in Gang gekommen sind, die teilweise auch das Potential für Recycling auf mittlere Sicht beträchtlich gesteigert haben. So hat beispielsweise der Ersatz von Kupfer- durch Glasfiberkabel nicht nur einen niedrigeren Verbrauch von Kupfer zur Folge, sondern macht das umfangreiche bestehende Netz von Kupferkabeln zeitweilig zu bedeutenden "Kupfergruben", die vornehmlich in den Industrieländern liegen und dort besonders ergiebig sind.

Diese Entwicklungen (insbesondere die Diskrepanz zwischen
Erwartung und Realität) haben dazu geführt, daß im Bergbau
und in den nachgelagerten Verarbeitungsstufen in beträchtlichem Ausmaß unausgelastete Produktionskapazitäten entstanden sind. Dadurch werden Standortverlagerungen, beispielsweise aus Industrieländern in Förderländer Afrikas
südlich der Sahara, ganz generell verzögert oder erschwert.
Folgende zwei Fälle sind zu unterscheiden:

- Multinationales Unternehmen als Investor
  Selbst wenn ein Förderland für die Weiterverarbeitung
  optimale Standortbedingungen bietet, wird - bei unausgelasteten Kapazitäten im Industrieland - eine Produktionsverlagerung dorthin erst wirtschaftlich, wenn im Förderland die gesamten Produktionskosten niedriger sind als
  die variablen Produktionskosten im Industrieland. Die
  Bedingungen für eine Produktionsverlagerung ins Förderland sind also - insbesondere da die Weiterverarbeitung
  sehr kapitalintensiv ist - erheblich restriktiver als in
  einer Situation, in der die Kapazitäten im Industrieland
  voll ausgelastet sind und steigender Bedarf Erweiterungsinvestitionen erfordert.

- Nationales Unternehmen als Investor
  Man darf davon ausgehen, daß ein nationales Unternehmen -
  das gilt insbesondere für Afrika südlich der Sahara -
  zumindest in begrenztem Umfang auf die Mitarbeit eines
  multinationalen Unternehmens (sein technisches Know-how
  und seine Finanzkraft) angewiesen ist. In einer Situation
  mit unausgelasteten Kapazitäten dürfte es besonders
  schwierig sein, einen solchen Kooperationspartner zu
  finden.

Folglich stellt, von sonstigen Hemmnissen abgesehen, die
sehr niedrige Kapazitätsauslastung bestehender Betriebe für

den Aufbau von (exportorientierten) Weiterverarbeitungsanlagen in den Förderländern mittelfristig ein ernsthaftes Hindernis dar.

4.3.5.2 Marktformen

Der Eintritt eines Newcomers in einen Produktionsbereich ist besonders schwierig, wenn unter den bereits etablierten Gesellschaften eine monopolistische oder oligopolistische Marktstruktur besteht, und sie in hohem Maße vertikal integriert sind.

- Für die Verarbeitung von Kupfererz, Bauxit, Eisenerz und Rohöl ist kennzeichnend, daß oligopolistisches Angebotsstrukturen vorherrschen (vgl. Shaver, 1986, S. 920 f.; Gocht, 1983, S. 140 ff.; Brown und McKern, 1987, S. 17). Der Konzentrationsgrad ist besonders groß bei der Weiterverarbeitung von NE-Erzen und Rohöl, relativ gering bei der Weiterverarbeitung von Eisenerz; typisch ist auch, daß der Konzentrationsgrad um so größer ist, je näher die Verarbeitungsstufe beim Rohstoff liegt.

- Die etablierten (multinationalen) Gesellschaften sind gewöhnlich vertikal sehr stark integriert, d.h. daß sie gleichzeitig in der Rohstoffgewinnung und in den unmittelbar nachgelagerten Verarbeitungsstufen tätig sind. Die von Stufe zu Stufe erfolgenden Transaktionen vollziehen sich großenteils innerhalb der Konzerne. So wird beispielsweise nur ein relativ geringer Teil des Handels mit NE-Metallen an den internationalen Metallbörsen abgewickelt. Der freie Markt, auf den der Newcomer (mit einer im Vergleich zu den multinationalen Gesellschaften geringen vertikalen Integration) angewiesen ist, hat vielfach nur eine recht begrenzte Bedeutung (vgl. UNIDO, 1981, S. 29 f.).

Als Fazit ergibt sich: Die Verarbeitung mineralischer Rohstoffe ist von oligopolistischen Marktstrukturen geprägt,
und die marktbeherrschenden, multinationalen Unternehmen
sind vertikal sehr tief integriert. Durch diese Strukturen
wird einem Newcomer (einer nationalen Gesellschaft eines
Förderlandes) der Zugang zur Verarbeitung mineralischer
Rohstoffe nicht unerheblich erschwert.

4.3.6 Tarifäre und nicht-tarifäre Handelshemmnisse

Im folgenden werden die Handelshemmnisse tarifärer und
nicht-tarifärer Art behandelt, mit denen die Industrieländer, die wichtigsten Verbraucher mineralischer Rohstoffe,
ihre Märkte abschirmen. Dabei interessieren die Einfuhren
von Kupfer und -halbzeug, Aluminium und -halbzeug, Rohstahl
und Walzstahlfertigerzeugnissen sowie Mineralölprodukten
und petrochemischen Erzeugnissen, einschließlich Stickstoffdünger.

Grundsätzlich gilt:

- Während der Import von mineralischen Rohstoffen in den
  Industrieländern keinen Handelshemmnissen ausgesetzt ist,
  stoßen die Importe von (dem Rohstoff) nachgelagerten Erzeugnissen auf Barrieren, die um so größer sind, je weiter sich die Verarbeitungsstufe vom Rohstoff entfernt.

- Das allgemeine Tarifniveau ist verhältnismäßig niedrig,
  bewegt sich im Durchschnitt zwischen 5 % und 7 % und
  übersteigt die 10 %-Grenze nur bei wenigen Warenkategorien.

- Quantitative Importbeschränkungen kommen in den Industrieländern nicht zur Anwendung; eine Sonderstellung
  nimmt in dieser Hinsicht der Bereich von Eisen und Stahl

ein, deren Importe in den meisten Industrieländern - zwar
nicht formal, aber de facto (mit Hilfe von Selbstbe-
schränkungsabkommen) - quantitativen Restriktionen unterliegen. Grundsätzlich sind die Entwicklungsländer von
diesen Beschränkungen ausgenommen, aber, wie die Handelspolitik der EG belegt, wird dieser Grundsatz in Frage
gestellt, wenn die Lieferungen einzelner Entwicklungsländer ein "kritisches Ausmaß" erreichen.

- Importe aus Entwicklungsländern genießen in den Industrieländern eine präferentielle Behandlung: ihnen wird
  entweder Zollfreiheit oder ein ermäßigtes Tarifniveau
  eingeräumt, wobei dieser Vorteil teilweise unbegrenzt und
  teilweise nur bis zu bestimmten Höchstgrenzen (Einfuhr-
  kontingenten) gewährt wird. Der Umfang der Präferenzen
  richtet sich zum Teil auch nach dem Status der einzelnen
  Entwicklungsländer; die am wenigsten fortgeschrittenen
  werden in besonderem Maße bevorzugt.

Die - aus dem Blickwinkel tarifärer Handelshemmnisse be-
trachteten - Standortbedingungen der Entwicklungsländer (im
Vergleich zu denen der Industrieländer) sind unterschiedlich zu beurteilen, je nachdem, ob die Verarbeitung im
Industrieland für den Binnenmarkt oder für den Export (in
andere Industrieländer) bestimmt ist. Als Fazit ergibt
sich:

- Dank der ihnen gewährten Präferenzen haben die exportorientierten Verarbeiter in Entwicklungsländern gegenüber
  binnenmarktorientierten Verarbeitern in Industrieländern
  keine oder nur geringe (tarifäre) Nachteile.

- Dagegen besitzen sie gegenüber exportorientierten Verarbeitern in Industrieländern (tarifäre) Vorteile. Freilich
  sind diese nicht beträchtlich, da das allgemeine Tarif-

niveau verhältnismäßig niedrig und damit auch das Gefälle zwischen dem allgemeinen und präferentiellen Niveau (bzw. Zollfreiheit) relativ gering ist.

4.4 Zusammenfasung

Die Weiterverarbeitung mineralischer Rohstoffe in den Förderländern ist unter anderem damit begründet worden, daß sie zusätzliche Wertschöpfung größeren Ausmaßes schaffe und zu einer stärkeren Stabilisierung der Exporterlöse beitrage. Das letztere Argument ist generell sehr fraglich, und das erste trifft (unter den für Afrika südlich der Sahara relevanten mineralischen Rohstoff) nur auf Bauxit und Eisenerz zu, dagegen nicht auf Kupfererz und Rohöl.

Der gegenwärtige Stand der Rohstoffweiterverarbeitung in Afrika südlich der Sahara läßt sich wie folgt skizzieren: Bauxit (Guinea) und Eisenerz (Liberia und Mauretanien) erfahren in den Förderländern keine nennenswerte Weiterverarbeitung, sondern werden als Rohstoff oder Konzentrat exportiert. Dagegen durchläuft das abgebaute Kupfererz (Sambia und Zaire) die erste Verarbeitungsstufe (vollständig oder teilweise) und gelangt als Rohmetall zur Ausfuhr. Die zweite Verarbeitungsstufe (Herstellung von Kupferhalbzeug) ist gegenwärtig noch nicht anzutreffen.

Vom geförderten Rohöl (Nigeria, Kamerun und Kongo) wird ein geringer Teil zu Raffinerieerzeugnissen weiterverarbeitet, die größtenteils im Inland und daneben in benachbarten Ländern abgesetzt werden. Lediglich in Nigeria ist bereits eine nicht unbedeutende petrochemische Industrie entstanden, die in den kommenden Jahren noch erheblich ausgeweitet werden soll. Ihr Absatzraum beschränkt sich auf den Binnenmarkt, und ihre Produktion liegt bei mehreren Güterarten noch weit unter dem inländischen Verbrauchsniveau.

Aus der Analyse verschiedener Standortfaktoren lassen sich
folgende Konsequenzen ziehen:

- Aufgrund ihrer sehr kleinen Binnenmärkte können die Bergbauländer in Afrika südlich der Sahara ihre mineralischen
  Rohstoffe nur dann in nennenswertem Ausmaß weiter verarbeiten, wenn sich für die Fertigerzeugnisse Exportchancen
  bieten. Die Standortbedingungen sind günstig für die
  Verhüttung von Kupfererz in Sambia und Zaire, ungünstig
  dagegen für die Verhüttung von Bauxit in Guinea (Mangel
  an billiger Energie) und von Eisenerz in Mauretanien und
  Liberia (unter anderem keine Vorkommen von Kohle und
  Erdgas).

- Die Ölländer bieten günstige Voraussetzungen für die
  Herstellung von Raffinerieerzeugnissen, jedoch nur soweit
  diese für den heimischen oder benachbarte Märkte bestimmt
  sind. Dagegen könnte die Herstellung petrochemischer
  Erzeugnisse (zu denken ist an petrochemische Grundstoffe
  und Stickstoffdünger) auch für den Export vorteilhaft
  sein, weil mit Erdgas, das derzeit noch größtenteils
  abgefackelt wird, ein äußerst preisgünstiger Rohstoff und
  Energieträger zur Verfügung steht.

Die ausgewählten Bergbauländer in Afrika südlich der Sahara
schöpfen, unter Berücksichtigung der jeweiligen Standortbedingungen, die derzeit bestehenden Weiterverarbeitungsmög-
lichkeiten weitgehend aus. Dagegen dürfte in den Erdölländern, insbesondere in Nigeria, noch ein ungenutztes Potential bei der Herstellung von petrochemischen Erzeugnissen
und Stickstoffdünger vorhanden sein. Daneben bieten die
Erdölländer, dank kostengünstigen Erdgases, gute Standortbedingungen für energieintensive Produktionsprozesse. Freilich stellt dieser Aspekt insofern einen Sonderfall dar,

als Erdgas dabei nicht weiterverarbeitet, sondern als Energieträger verwendet wird.

Nach den obigen Ausführungen kann man schwerlich von einem
Mißerfolg bei der Weiterverarbeitung mineralischer Rohstoffe sprechen. Dann die Bergbauländer nutzen das bestehende Potential praktisch vollständig aus, und in den
Erdölländern sind Raffinerien und daneben – dies trifft im
wesentlichen nur auf Nigeria zu – petrochemische Konplexe
aufgebaut und weitere in Angriff genommen worden. Von einem
Mißerfolg bei der Weiterverarbeitung mineralischer Rohstoffe – dies gilt insbesondere für die Bergbauländer –
kann folglich nur in dem Sinne die Rede sein, daß aufgrund
der gegebenen Standortbedingungen das Potential relativ
gering ist, erheblich geringer, als die Befürworter einer
rohstofforientierten Industrialisierung angenommen hatten.

5. Verschwendung von Ressourcen

In der Literatur wird häufig massive Kritik daran geübt, daß die Entwicklungsländer einen beträchtlichen Teil der verfügbaren Ressourcen verschwenden oder, genauer gesagt, ineffizient einsetzen. Als Indizien hierfür werden angeführt: kostspielige Prestigeprojekte (bis hin zur Gründung neuer Hauptstädte), teilweise hohe Rüstungsausgaben, eine aufgeblähte öffentliche Verwaltung, umfangreiche staatliche Subventionen, insbesondere für den urbanen Bereich, wie beispielsweise Nahrungsmittelsubventionen, sowie überflüssige oder überdimensionierte Infrastrukturprojekte (vgl. Shafer, 1986 sowie Daniel, 1985). Weitere Kritik (vgl. Brett, 1986 und Bauer, 1984) richtet sich gegen die Ineffizienz staatlich geleiteter Produktions- und Dienstleistungsbetriebe sowie gegen Korruption und das gewöhnlich stark verzerrte Preisgefüge, das zwangsläufig eine erhebliche Fehlallokation von Ressourcen zur Folge hat.

Unser eigentliches Interesse gilt jedoch nicht generell der sich in Entwicklungsländern vollziehenden Verschwendung von Ressourcen, sondern vielmehr der These, daß in solchen Ländern, die über reiche mineralische Rohstoffvorkommen verfügen, dieses Phänomen besonders gravierend ist. Als Begründung dafür läßt sich anführen:

- In Bergbau- und in Erdölländern verfügt der Staat (gegenüber Ländern ohne mineralische Rohstoffvorkommen) über ergiebige und leicht zugängliche Einnahmequellen. Er besitzt einen größeren Fonds an Mitteln und hat damit grundsätzlich auch einen größeren Spielraum für (ineffiziente) konsumptive oder investive Ausgaben. Eine Besonderheit in diesem Zusammenhang ist, daß der Staat dazu neigt, Investitionen ganz überwiegend in Infrastrukturbereiche (materieller und immaterieller Art) zu lenken und den (unmittelbar) produktiven Bereich zu vernachlässigen. Dadurch wird gerade in den Bergbau- und Erdölländern ein unangemessen großer Teil der Investitionen dem Ausbau der Infrastruktur zugeführt (vgl. Jazayeri, 1986, S. 18 f.).

- Auf ein weiteres spezifisches Argument, das auf den raschen Anstieg der öffentlichen Einnahmen während eines Rohstoffbooms abstellt, weist Daniel (1986, S. 6) hin: "When governments rapidly increase spending in response to a mineral boom, they are likely to exhaust the range of high-yielding, quick-implementation projects in a very short time, ... Large, lumpy infrastructure projects making heavy demands on future recurrent spending tend to be chosen".

Selbstverständlich lassen sich für jedes Land, ob Entwicklungs- oder Industrieland, eine Reihe von Beispielen für Verschwendung oder Fehlallokation von Ressourcen sammeln. In der vorliegenden Untersuchung wird jedoch nicht die Absicht verfolgt, für die Bergbau- und Erdölländer einen Katalog solcher Beispiele anzulegen; vielmehr wird das Problem der Verschwendung von Ressourcen anhand makroökonomischer Größen analysiert.

Dabei wird von der Annahme ausgegangen, daß sich Verschwendung und ineffizienter Einsatz von Ressourcen in einer hohen staatlichen Konsumquote (staatliche Konsumausgaben zu BIP) und einem ungünstigen Verhältnis von Investitionsquote zu Wachstum des BIP niederschlagen. Demzufolge impliziert die Verschwendungsthese, daß Bergbau- und Erdölländer eine höhere staatliche Konsumquote und ein ungünstigeres Verhältnis von Investitionsquote zu Wachstum des BIP aufweisen als Länder, deren Förderung und Export von mineralischen Rohstoffen unbedeutend ist (im folgenden als Agrarländer bezeichnet).

Die Gruppe der untersuchten Bergbau- und Erdölländer umfaßt Sambia, Zaire, Liberia, Mauretanien und Nigeria. Nicht einbezogen wurden Niger, Kamerun und Kongo, da diese Länder

erst in den späten 70er und frühen 80er Jahren, also erst
gegen Ende der Untersuchungsperiode (1966 - 1985), zu bedeutenden Exporteuren mineralischer Rohstoffe geworden
sind. Wegen einer unzureichenden Datenbasis konnte ferner
auch Guinea nicht berücksichtigt werden. Die Referenz-
gruppe, Länder mit einer unbedeutenden Förderung mineralischer Rohstoffe, setzt sich aus Kenia, Malawi, Madagaskar,
Sudan und Tansania zusammen. Folglich gehen insgesamt zehn
Länder in die Untersuchung ein, davon fünf Bergbau- und
Erdölländer und fünf Agrarländer.

5.1 Staatliche Konsumquote

Die staatliche Konsumquote bezeichnet das Verhältnis zwischen den laufenden (konsumptiven) öffentlichen Ausgaben
und dem Bruttoinlandsprodukt zu (laufenden) Marktpreisen.
Öffentliche Ausgaben werden auf verschiedenen Ebenen getätigt: vom Zentralstaat, von Teilstaaten (Ländern), Kommunen
und anderen Gebietskörperschaften. Meistens werden in den
statistischen Unterlagen des Internationalen Währungsfonds,
der Weltbank und anderer Organisationen nur die laufenden
Ausgaben des Zentralstaates ausgewiesen. Damit wird für die
meisten Untersuchungsländer der weitaus wichtigste öffentliche Ausgabeposten erfaßt. Einen Sonderfall stellt in
dieser Hinsicht das staatlich föderativ aufgebaute Land
Nigeria dar, dessen Teilstaaten ebenfalls umfangreiche
Ausgaben tätigen. In Anbetracht dessen wurden bei der Berechnung der staatlichen Konsumquote für dieses Land neben
den laufenden Ausgaben des Zentralstaates auch die der
Teilstaaten einbezogen. Dagegen konnten die Ausgaben von
Kommunen oder anderen Gebietskörperschaften - dies gilt für
alle Untersuchungsländer - wegen fehlender Daten nicht
berücksichtigt werden.

Das methodische Vorgehen war wie folgt: Zunächst wurden
Konsumquoten für einzelne Länder und Jahre berechnet und

daraus Periodendurchschnitte (1966 - 1985) sowie anschließend Länderdurchschnitte für die Gruppe der Bergbau- und
Erdölländer sowie für die Gruppe der Agrarländer gebildet.

Wie der Tabelle 5.1 zu entnehmen ist, war zwischen 1966 und
1985 die staatliche Konsumquote in den Bergbau- und Erdölländern zwar nicht wesentlich, aber doch merklich höher als
in den Agrarländern. Sie belief sich im Durchschnitt bei
der ersten Gruppe auf 19 % und bei der zweiten auf 16 %.

Tabelle 5.1: Staatliche Konsumquote in ausgewählten Ländern, Afrika südlich der Sahara, 1966 - 1985
(in %)

Land	Konsumquote
Bergbau- und Erdölländer	
Liberia	17,1
Mauretanien	23,5
Sambia	21,3
Zaire	19,7
Nigeria	13,5
Durchschnitt	19,0
Agrarländer	
Kenia	17,6
Madagaskar	17,4
Malawi	15,8
Sudan	15,9
Tansania	13,4
Durchschnitt	16,0

Quelle: Eigene Berechnungen.

5.2 Investitionsquote und Wachstum des Bruttoinlandsprodukts

5.2.1 Investitionsquote

Die Berechnung der Investitionsquote erfolgte auf der Basis
der realen Bruttoanlageinvestition und des realen Bruttoin-

landsprodukts (jeweils zu Preisen von 1980). Die einzelnen
Jahreswerte wurden (ungewichtet) zu Periodendurchschnitten
(1966 - 1985) und anschließend zu Länderdurchschnitten
zusammengefaßt. Es zeigte sich, daß zwischen 1966 und 1985
die Bergbau- und Erdölländer mit 22,7 % eine wesentlich
höhere Investitionsquote als die Agrarländer (17,0 %) erreichten (vgl. Tabelle 5.2).

Tabelle 5.2: Investitionsquote in ausgewählten Ländern,
Afrika südlich der Sahara, 1966 - 1985 (in %)

Land	Investitionsquote
Bergbau- und Erdölländer	
Liberia	22,9
Mauretanien	25,8
Sambia	22,9
Zaire	22,6
Nigeria	19,5
Durchschnitt	22,7
Agrarländer	
Kenia	20,8
Madagaskar	15,5
Malawi	18,9
Sudan	11,9
Tansania	17,7
Durchschnitt	17,0

Quelle: Eigene Berechnungen.

5.2.2 Wachstumsrate des Bruttoinlandsprodukts

Die (durchschnittliche) reale Wachstumsrate des BIP für den
Zeitraum von 1966 - 1985 wurde regressionsanalytisch auf
der Grundlage folgender Trendfunktion ermittelt:

$$P = a \cdot b^t$$
$$b = 1 + WR^P$$
$$WR^P = b - 1$$

P BIP (Schätzwerte)

a,b Parameter

t Zeitvariable (20 Jahre)

WR^P Wachstumsrate des BIP

Die Wachstumsrate des BIP (1966 - 1985) lag in Mauretanien, Sambia und Zaire zwischen 1 % und 2 % p.a. Sie war wesentlich niedriger in Liberia (0,2 % p.a) und wesentlich höher in Nigeria (4,6 % p.a.). Zu der relativ hohen Wachstumsrate in Nigeria hat anfänglich die erhebliche Steigerung der Rohölförderung und später der Anstieg des Rohölpreises wesentlich beigetragen. Im Durchschnitt erzielten die Bergbau- und Erdölländer eine Wachstumsrate des BIP (1966 - 1985) von 1,9 % p.a. und blieben damit weit hinter den Agrarländern (3,4 % p.a.) zurück. (Vgl. Tabelle 5.3).

Tabelle 5.3: Wachstumsrate des (realen) BIP in ausgewählten Ländern, Afrika südlich der Sahara, 1966 - 1985 (in % p.a.)

Land	Wachstumsrate
Bergbau- und Erdölländer	
Liberia	0,2
Mauretanien	2,1
Sambia	1,3
Zaire	1,2
Nigeria	4,6
Durchschnitt	1,9
Agrarländer	
Kenia	5,4
Madagaskar	0,6
Malawi	3,9
Sudan	3,0
Tansania	4,3
Durchschnitt	3,4

Quelle: Eigene Berechnungen.

5.2.3 Verhältnis zwischen Investitionsquote und Wachstum
des Bruttoinlandsprodukts

In der Abbildung 5.1 ist für die 10 Untersuchungsländer der
Zusammenhang zwischen der Investitionsquote (Ordinate) und
der Wachstumsrate des BIP (Abszisse) dargestellt. Wichtig
für die Interpretation der Ergebnisse ist die Bedeutung der
Geraden G, die von links unten nach rechts oben verläuft.
Ihre Steigerung (tgα) entspricht dem durchschnittlichen
Verhältnis von Investitionsquote zu Wachstumsrate des BIP
in allen 10 Bobachtungsländern. Den Ergebnissen in den
beiden vorangehenden Abschnitten (5.2.1 und 5.2.2) zufolge
belief sich zwischen 1966 und 1985 die Investitionsquote im
Durchschnitt aller Untersuchungsländer auf 19,9 % und die
Wachstumsrate des BIP auf 2,7 % p.a. Die Steigung der Geraden G ist somit gleich dem Verhältnis von 19,9 zu 2,7.
Liegt ein Land links (rechts) von der Geraden G, so besagt
dies, daß es unter Berücksichtigung seiner Investitionsquote eine relativ niedrige (hohe) Wachstumsrate des BIP
erreicht hat.

Wie die Abbildung 5.1 zeigt, befinden sich von den 5 Berg-
bau- und Erdölländern Mauretanien, Liberia, Sambia und
Zaire im linken und nur Nigeria im rechten Feld. Bei den
Agrarländern ist die Anordnung genau umgekehrt: Vier von
ihnen, Kenia, Malawi, Tansania und Sudan, liegen rechts und
lediglich Madagaskar links von der Geraden G. Diesem Ergebnis nach ist zwischen 1966 und 1985 in der Gruppe der Berg-
bau- und Erdölländer, außer in Nigeria, das Verhältnis von
Investitionsquote zu Wachstumsrate des BIP relativ ungünstig gewesen.

Schaubild 5.1: Investitionsquote und Wachstumsrate des BIP,
Afrika südlich der Sahara, 1966 - 1985

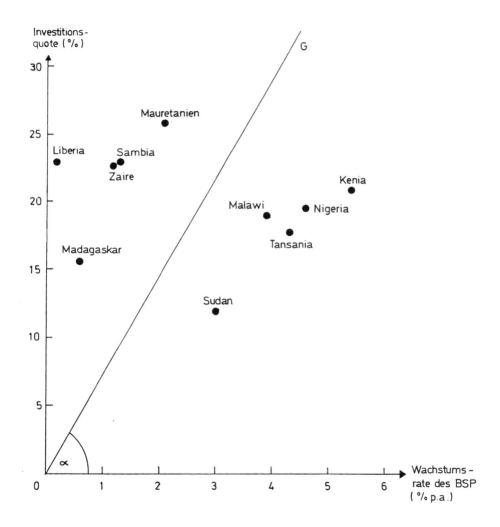

5.3 Zusammenfassung

Den Ausgangspunkt bildete die Hypothese, daß in Entwicklungsländern mit bedeutenden Exporten von mineralischen
Rohstoffen Ressourcen verschwendet bzw. ineffizient genutzt
worden sind. Diese These wird von den erzielten Ergebnissen
gestützt. So hat sich gezeigt, daß in der Gruppe der Berg-
bau- und Eröllländer die staatliche Konsumquote relativ hoch
und das Verhältnis von Investitionsquote zu Wachstumsrate
des BIP relativ ungünstig gewesen ist.

6. Wandel der institutionellen und rechtlichen Rahmenbedingungen der Rohstoffnutzung in Entwicklungsländern und
ihre Folgen in Afrika südlich der Sahara

6.1 Rechtformen und Probleme der Vertragsgestaltung bei
Bergbauprojekten

Die Verfügungsgewalt über erschöpfbare natürliche Rohstoffe
hat in fast allen Ländern der Welt der Staat. Ausländische
Gesellschaften können in diesen Ländern also nur tätig werden, wenn der Staat ihnen durch Gesetzgebung und Projektverträge entsprechende Rechte einräumt. In der Vertrags-
praxis werden hierbei drei strukturell verschiedene Inve-
stitionsmodelle unterschieden, Konzession, Joint Venture
und Service-Vertrag (vgl. Kirchner und Schanze, 1986,
S. 191 ff. und Deutsche Shell AG, 1988, S. 11 ff.).

Die Vergabe von Konzessionen durch Lizenzverträge sind das
klassische Investitionsmodell im internationalen Bergbau.
Die Regierung vergibt - früher auch unter Verzicht auf
Hoheitsbefugnisse - gegen eine feste Zahlung Exklusivrechte
zur Rohstoffsuche. Der Lizenznehmer finanziert die Exploration und Erschließung und verkauft die geförderten Rohstoffe. Demgegenüber verbleiben beim Service-Vertrag zentrale Rechte der Investitionsentscheidung und der Verfügung
über den Projektzweck beim Staat. "Der 'Investor' bringt
Kapital sowie technisches und administratives Wissen im
Rahmen eines Dienstleistungsvertrages für den Staat ein; er
ordnet sich - zumindest der Theorie nach - der staatlichen
Verfügung unter" (vgl. Kirchner und Schanze, 1986, S. 203).

Diese beiden extremen Modellvarianten können durch vertrag-
liche Ausgestaltung abgeschwächt und modifiziert werden.
Als Kompromißform zwischen den unterschiedlichen Interessen
von Staat und Investor hat das Modell des Joint Venture an

Bedeutung gewonnen: "Während kleinere Projekte auch heute
noch und zunehmend wieder in konzessionsähnlichen Formen
abgewickelt werden, ist zumindest im Metallbergbau der Entwicklungsländer bei Großprojekten das gewählte Investitionsmodell nicht der Service-Vertrag, sondern ein Joint
Venture, charakteristischerweise heute als projektfinan-
ziertes Joint Venture" (vgl. Kirchner und Schanze, 1986,
S. 204). Die Finanzierung der Großprojekte, die heute nicht
selten über 1 Mrd. US-$ hinausgehen, erfolgt über konsor-
tiale Projektbeteiligung mit weltweit syndizierten Krediten
(vgl. Kirchner und Schanze, 1986, S. 194).

Bei der Ausgestaltung der Projektverträge sind einmal die
Entscheidungsbefugnisse der Beteiligten zu regeln. Projektverträge heute sichern dem Gastland Beteiligung an der Lei-
tung des Unternehmens sowie Informations- und Kontroll-
rechte. Die zentrale Frage der Ertragsaufteilung hängt mit
der Frage der Finanzierung und der gewählten Rechtsform
zusammen. Als Kostenausgleich für eingebrachtes Kapital
werden dem ausländischen Investor Steuerfreibeträge oder
ein Anteil an der Förderung (im Ölgeschäft "cost oil" genannt) gewährt. Als Entgelt für die eingebrachten Rohstoff-
ressourcen erhebt das Gastland Förderzinsen und Steuern.
Übergewinne in Zeiten stark steigender Rohstoffpreise werden durch die - vor allem im Rohölsektor anzutreffenden -
Steuern auf die sogenannten "windfall profits" abgeschöpft.
Darüber hinaus enthalten die Verträge heute zunehmend Um-
weltschutzregelungen sowie besondere Klauseln, u.a. zur
Anpassung an veränderte Rahmenbedingungen.

Entsprechend dem Wandel der Eigentumsverhältnisse - sinken-
dem Eigentumsanteil der multinationalen Unternehmen und
steigendem Eigentumsanteil des Staates im Gastland - spielt
heute die Fremdfinanzierung eine große Rolle: Während vor
1960 70 % bis 90 % durch Eigenkapital multinationaler

Unternehmen aufgebracht wurden, werden Bergbauprojekte heute nur noch mit einem Drittel Eigenkapital und zwei Drittel Fremdkapital finanziert (vgl. Radetzki und Zorn, 1979, zit. nach UN Centre of Transnational Corporations, 1985, S. 64).

Die Bereitschaft zu einer Investitionsentscheidung eines ausländischen Investors hängt wesentlich davon ab, ob das mit der Investition einzugehende Risiko und die einzubringenden unternehmerischen Leistungen einen angemessenen Gewinn erwarten lassen. Zu berücksichtigen sind hier das hohe geologische Risiko, bei einer Exploration überhaupt fündig zu werden, das wirtschaftliche und das politische Risiko. Gerade letzteres sowie die sehr ungünstige wirtschaftliche Lage halten viele multinationale Unternehmen von Investitionen in Schwarzafrika ab. Dies spiegelt sich deutlich im Anteil der dort getätigten an den gesamten ausländischen Direktinvestitionen im Bergbau wider: er ging von knapp 4 % in den 70er Jahren auf 1,5 % seit Beginn der 80er Jahre zurück, während der Anteil der Entwicklungsländer insgesamt (20 % bis 25 %) ziemlich konstant geblieben ist (Eigene Berechnungen auf der Grundlage von IWF, Balance of Payments Statistics, div. Jgg.).

Kosten- und Risikoabwägung sind nach wie vor maßgebend für die Investitionsentscheidung: "Obwohl die einzelnen Vertragskonzepte ganz unterschiedlich sind, sind sie es doch kaum in ihrer Wirkung auf Wirtschaftlichkeitsrechnungen ... Ob eine Regierung positive Investitionsentscheidungen herbeiführen kann, hängt von den Kosten und vom Risiko ab. Sind die Chancen für die Entdeckung großer Lagerstätten niedrig, die zu erwartenden Förderkosten dagegen vermutlich hoch, dann sind natürlich größere wirtschaftliche Anreize notwendig als in Gebieten mit geringem Risiko und niedrigen Kosten" (vgl. Deutsche Shell AG, 1988, S. 14).

6.2 Wandel der Rahmenbedingungen und Verschiebung der Investitionsschwerpunkte im internationalen Bergbau, insbesondere in Afrika südlich der Sahara

6.2.1 Entwicklungstendenzen im Bergbausektor

Der internationale Bergbau mit seinen großen Risiken und
seiner hohen Kapitalintensität war seit seiner Entfaltung
um die Mitte des letzten Jahrhunderts eine Domäne der Pri-
vatwirtschaft. Es entstanden große, vertikal integrierte
Bergbauunternehmen, die die Risiken übernahmen und das Kapital aufbrachten. Bis zum Jahre 1960 hatten diese multinationalen Unternehmen im Bergbau der westlichen Welt einen
beherrschenden Einfluß, Staatsbeteiligungen spielten dagegen nur eine geringe Rolle.

In den Entwicklungsländern bahnte sich in der Phase der
Entkolonialisierung nach dem Zweiten Weltkrieg, die sich
bis in die Mitte der 70er Jahre erstreckte, ein Wandel in
den wirtschafts- und gesellschaftspolitischen Rahmenbedingungen an (vgl. Sames, 1986, S. 45 ff.). Mit der Übernahme
der Souveränität in den selbständig gewordenen Staaten der
Dritten Welt kam es insbesondere im Rohstoffbereich zu
einem einschneidenden Wandel. Hier spitzte sich die Frage
der Souveränität pointiert zu, wie sie später auch im Ak-
tionsprogramm der Entwicklungsländer über die Errichtung
einer neuen Weltwirtschaftsordnung ihren Niederschlag fand,
das im Frühjahr 1974 zur Sonderkonferenz der Vereinten Nationen über Rohstoffragen vorgelegt wurde: "All effort
should be made ... to put an end to all forms of foreign
occupation, radical discrimination, apartheid, colonial,
neo-colonial and alien domination and exploitation through
the exercise of permanent sovereignity over natural resources" (vgl. Programme of Action, 1974, S. 28).

Im Zuge dieser Bestrebungen setzte in den 60er Jahren im
Bergbau der Entwicklungsländer eine Welle von Verstaatlichungen ein, die bis Mitte der 70er Jahre anhielt.
Wesentliche Verstaatlichungsmaßnahmen in Schwarzafrika, die
in Tabelle 6.1 zusammengestellt sind, erfolgten zwischen
1961 und 1974:

- im Bauxitbergbau in Guinea und Ghana,
- im Kupferbergbau in Sambia und Zaire und
- im Eisenerzbergbau in Gabun und Mauretanien.

Die Tabelle stützt sich auf eine von den Vereinten Nationen
veröffentlichte Liste der Nationalisierungs- und Übernahme-
maßnahmen; danach sind bis 1976 weltweit insgesamt 48 Fälle
bekannt geworden (vgl. Sames, 1986, S. 51 ff.). Gleichzeitig wurde die Besteuerung der in ausländischem Besitz befindlichen Bergbaugesellschaften drastisch erhöht.

Parallel zur Verstaatlichung internationaler Bergbaugesellschaften wurden nationale Bergbaugesellschaften in den Entwicklungsländern gegründet. Dies sowie der Ausbau der Produktionskapazitäten in der Dritten Welt führte zu einem
verstärkten Staatseinfluß. Besonders ausgeprägt war diese
Entwicklung im Kupferbergbau. Während es hier 1960 noch
keine staatlichen nationalen Bergbaugesellschaften gab,
sind die Kupfergesellschaften heute meist in Staatseigentum
(vgl. Radetzki, 1985, zit. nach Brown und McKern, 1987,
S. 92 f. und Tab. 6.5, S. 137) oder der Staat hält Mehrheitsbeteiligungen. So war 1980/81 der Kupfersektor in der
Dritten Welt nach Untersuchungen Radetzkis auf der Stufe
der Erzgewinnung zu 62 %, der Verhüttung zu 72 % und der
Raffinade zu 77 % der installierten Kapazitäten im Eigentum
von Gesellschaften mit Staatsmehrheit. Auch im Eisenerzbe-
reich dominierten Staatsbeteiligungen und Staatseigentum.
Im Bauxit- und Aluminiumsektor ist der Staatseinfluß in der

Tabelle 6.1: Wesentliche Verstaatlichungsmaßnahmen im Bergbau in Afrika südlich der Sahara

Land	Jahr	Betroffene Gesellschaft	Muttergesellschaft/ Land	Regierungsbe- teiligung nach Verstaatlichung (%)	Bemerkungen
Bauxit					
Guinea	1961	Société des Bauxites du Midi	Alcan Aluminium/ Kanada	100	Übertragung auf neue Ge- sellschaft, an der der Staat 49 % hält
Ghana	1972	British Aluminium Co.	British Aluminium Co./ Großbritannien/USA	55	
Guinea	1972	FRIA	Konsortium: Olin Mathie- son, USA, British Alu- minium, Großbritannien, Schweizerische Alumi- nium AG, Schweiz, Ver- einigte Aluminiumwerke AG, Deutschland, Péchi- ney-Ugine, Frankreich	49	
Kupfer .					
Sambia	1970	Roan Selection Trust	American Metal Climax, USA	51	118 Mio. US-$ Entschädigung
Sambia	1970	Zambian Anglo American	Anglo American Corp. of South Africa	51	175 Mio. US-$ Entschädigung
Zaire	1966	Société Générale des Minerais	Union Minière du Haute Katanga, Belgien	100	Verhandlung über 500 Mio. US-$ Entschä- digung
Eisenerz					
Gabun	1974	Société de Mines de Fer	Bethlehem Steel Corp., USA, europäische Gruppen	60	
Maure- tanien	1974	Société des Mines de Fer de Mauretanie	Konsortium: USINOR, BRGM, Frankreich, British Steel Corp., Großbritannien, FINSIDER, Italien, Thyssen, Deutschland	100	

Quelle: Vereinte Nationen; aus der Zusammenstellung von C.-W. Sames, Anaconda. Berichte
aus der Rohstoffwelt, München 1986, Tab. 7, S. 53.

Dritten Welt demgegenüber deutlich geringer: Hier betrugen
die entsprechenden Anteile der Gesellschaften mit Staatsanteil im Bauxitbergbau 33 %, bei der Tonerdeproduktion nur
12 % und bei der Primäraluminiumproduktion 46 %. In der
Bauxit- und Aluminiumindustrie wird noch immer ein großer
Teil der Weltproduktion durch sechs große multinationale
Konzerne und ihre Tochtergesellschaften kontrolliert: Diese
sechs Gesellschaften verfügten Mitte der 80er Jahre - gemessen am Eigentumsanteil an den weltweit installierten
Kapazitäten - über einen Anteil von 34 % (1969: 78 %) bei
Bauxit, von 55 % (1969: 84 %) bei Tonerde und von 49 %
(1969: um 80 %) bei Primäraluminium (GATT-Sekretariat,
1987, S. 14 f., und World Bank, 1986a, S. 107).

Mit dem Wandel der Eigentumsverhältnisse im Bergbausektor
der Dritten Welt ging eine Veränderung der Kapitalaufbrin-
gung einher: 1960 wurde ein Bergbauprojekt in der Regel zu
70 % bis 90 % durch Eigenkapital finanziert. Dieser Anteil
ist bis Ende der 70er Jahre auf rd. ein Drittel gesunken;
die restlichen zwei Drittel werden mit Anleihen aus den
verschiedensten Quellen finanziert (vgl. UN-Centre of
Transnational Corporations, 1985, S. 64).

Hinzuweisen ist auch auf die Beteiligungen, die multinationale Ölgesellschaften und nichtintegrierte Bergbaugesellschaften seit 1960 im NE-Metallbereich vorgenommen haben.
So haben die internationalen Ölgesellschaften im Bemühen um
Diversifizierung und auf der Suche nach alternativen In-
vestitionsmöglichkeiten vor allem im Kupferbereich inve-
stiert (vgl. World Bank, 1986a, S. 6 ff.).

Die Nationalisierung- und Verstaatlichungswelle im Rohstoffsektor der Dritten Welt hat zu einer nachhaltigen Verschiebung der Investitionsschwerpunkte der internationalen

Bergbaugesellschaften geführt. Sie reduzierten ihre Kapitalengagements in Entwicklungsländern und stoppten die Investitionstätigkeit in Ländern mit hoher politischer Unsicherheit. Dieser Wandel wird durch die Entwicklung der Explorationsausgaben der europäischen Bergbaugesellschaften sehr deutlich belegt (vgl. Harms u.a., 1978, S. 17 ff.). Die Investitionspolitik dieser Unternehmen ist im Rahmen dieser Untersuchung von besonderer Bedeutung, da der Schwerpunkt ihres Auslandsengagements, im Gegensatz zu dem nordamerikanischer und japanischer Investoren, traditionell in Afrika südlich der Sahara lag. Zu Beginn der 60er Jahre hatten 15 große Bergbaugesellschaften gut die Hälfte ihrer realen Explorationsausgaben in Entwicklungsländern (mit Schwerpunkt Afrika) getätigt; der Anteil verringerte sich in der zweiten Hälfte der 60er Jahre auf 31 % und in der ersten Hälfte der 70er Jahre weiter auf 15 %. Während die Investitionen in den Industrieländern real kräftig stiegen, gingen sie in den Entwicklungsländern seit Beginn der 70er Jahre zurück, erst um die Mitte der 70er Jahre trat eine gewisse Erholung ein. Besonders gravierend war der Rückgang der Explorationsausgaben in Schwarzafrika: Während sich die Investitionstätigkeit innerhalb der Dritten Welt Anfang der 60er Jahre noch auf Schwarzafrika konzentriert hatte, verringerte sich dessen Anteil von 1970 bis 1975 auf nur noch 2 %.

Eine Studie des Instituts zur Erforschung technologischer Entwicklungslinien aus dem Jahre 1978 erläutert hierzu: "In der Gruppe der Entwicklungsländer ist bemerkenswert, wie sich die Quote der afrikanischen Staaten in den letzten beiden Betrachtungsjahren (1974 und 1975, d. Verf.) verringert und die Lateinamerikas erhöht hat. Im Falle Afrikas haben schlechte Erfahrungen besonders kritischer Unternehmen bei produzierenden oder im Aufschluß befindlichen Projekten und die zunehmenden politischen und gesamtwirt-

schaftlichen Schwierigkeiten vieler Länder abschreckend
gewirkt. Der lateinamerikanische Anteil dagegen spiegelt im
wesentlichen das Vertrauen wider, das die Unternehmen den
stabilisierten Verhältnissen in Chile und Argentinien ent-
gegenbringen, die diese Staaten neben Brasilien wieder
attraktiver gemacht haben" (vgl. Harms u.a., 1978, S. 58).
Ähnliche Tendenzen ergeben sich für die Aufschluß- und Erweiterungsinvestitionen der europäischen Bergbaugesellschaften (vgl. Harms u.a., 1978, S. 58).

Auch hat sich die Investitionstätigkeit der Bergbaugesellschaften anderer Industrieländer verstärkt den eigenen Regionen zugewandt. So weist die angeführte Studie über die
Investitionspolitik der NE-Bergbaugesellschaften darauf
hin, daß sich die Explorationsaktivitäten der US-amerika-
nischen Unternehmen "... regional stark verlagert und ihren
Schwerpunkt seit Anfang der 70er Jahre vor allem in den USA
selbst und in Kanada haben ..." (vgl. Harms u.a., 1978,
S. 29). In dieser Zeit zogen die amerikanischen Bergbau-
firmen netto Kapital aus den Entwicklungsländern ab und
deren Anteil an den amerikanischen Direktinvestitionen im
ausländischen Bergbau ging scharf zurück: Entfielen 1950
noch 63 % des Bestandes der Direktinvestitionen im Bergbau
auf Entwicklungsländer (mit Lateinamerika als Schwerpunkt),
waren es zu Beginn der 70er Jahre nur noch 38 %. Der Tief-
punkt wurde im Jahre 1980 mit 33 % erreicht. Erst zu Beginn
der 80er Jahre kehrte sich dieser Trend um, der Anteil
erreichte in den Jahren 1982 bis 1984 wieder 41 % (vgl. UN
Centre of Transnational Corporations, 1985, S. 65; US
Department of Commerce, div. Jgg.).

Das japanische Engagement im Bergbau der Dritten Welt blieb
demgegenüber unverändert hoch, ja verstärkte sich noch
(vgl. UN Centre of Transnational Corporations, 1985, S. 64
ff.). Dies ist einmal auf die hohe Importabhängigkeit Ja-

pans bei Rohstoffen zurückzuführen. Zum anderen ging Japan
bereits vor 1970 - anders als Investoren anderer Industrieländer - stärker Joint Ventures in Entwicklungsländern ein
und war insofern weniger dem Risiko der Verstaatlichung
ausgesetzt.

Zur Investitionstätigkeit der staatlichen Bergbaugesellschaften in Entwicklungsländern führt eine Studie aus dem
Jahr 1978 aus: "Ohne daß zahlenmäßige Angaben verfügbar
wären, kann ... davon ausgegangen werden, daß sich die
Explorationsausgaben staatlicher Gesellschaften - und auch
Behörden - insgesamt auf vergleichsweise niedrigem Niveau
bewegen. Die wirtschaftliche Lage der Länder dürfte in den
letzten Jahren sogar zu einer Einschränkung der Aktivitäten
geführt haben. Unternehmen und Regierungen dieser Staaten
hatten bereits Schwierigkeiten, den laufenden Betrieb im
Bergbau- und Hüttenbereich aufrecht zu erhalten" (vgl.
Harms u.a., 1978, S. 32).

Die Haltung gegenüber ausländischen Investoren heute zeigt
(vgl. Tabelle 6.2), daß die Entwicklungsländer, anders als
in den 60er und 70er Jahren, den transnationalen Bergbaugesellschaften wieder aufgeschlossener gegenüberstehen. Ausländische Investoren sind gesucht, und gefragt ist vor
allem weiterhin das technologische und betriebswirtschaft-
liche Know-how der großen internationalen Gesellschaften
bei Exploration, Produktion und Vermarktung mineralischer
Rohstoffe auf den internationalen Märkten (vgl. UN-Centre
of Transnational Corporations, 1985, S. 66 ff.). Auch hat
die Sorge um eine sichere Rohstoffpolitik - wie sie zum
Beispiel auch in der Bundesrepublik Deutschland in den 70er
Jahren Unternehmen und Wirtschaftspolitiker beschäftigte -
dazu beigetragen, daß die internationalen Bergbaugesellschaften ihre restriktive Investitionspolitik gegenüber
Standorten in der Dritten Welt wieder gelockert haben. Doch

- 180 -

Tabelle 6.2: Staatseinfluß im Bergbau in Afrika südlich der
Sahara

Land	Gesellschaft (Anteil des Staates)	Schwerpunkt	Haltung gegenüber ausländischen Investoren
Angola	Companhia de Diamantes de Angola (DIAMANG, 77 %)	Diamanten	umfassender Staatseinfluß, jedoch Tätigkeiten von südafrikanischen, amerikanischen und österreichischen Gesellschaften bei Diamanten, Öl und Eisenerz
	Staatsgesellschaft für Eisenerz	Eisenerz	
Botswana	Jwaneng Mining Co. (49 %)	Diamanten	51 % der Gesellschaft befinden sich im Besitz von de Beers. AMAX und RTZ betreiben Nickelbergbau
Gabun	Comilog S.A. (100 %)	Mangan	Ausländische Investoren erwünscht, USA und Frankreich aktiv
Ghana	State Gold Mining Corporation (100 %)	Gold	Trotz beträchtlichen Staatseinflussess Beteiligung ausländischer Gesellschaften; VALCO-Aluminium ist zu 100 % in US-Besitz
	Ashanti Gold Fields Corporation (55 %)	Gold	
	Consolidated Diamond Trust Ltd. (100 %)	Diamanten	
	Ghana Bauxite Co. (55 %)	Aluminium	(45 % British Aluminium)
Guinea	Office des Bauxites de Kindia (OBK, 100 %)	Bauxit; Export in die UdSSR	Die übrigen Bauxitgesellschaften laufen mit internationaler Restbeteiligung nach Teilverstaatlichung.
	Aredor Guinea S.A. (50 %)	Diamanten	Im Diamantensektor Beteiligungen durch USA, Großbritannien und die Schweiz
Mauretanien	Société Nationale Industrielle et Miniere (SNIM, 71 %)	Eisenerz (Kupfer)	keine ausländischen Aktivitäten

Tabelle 6.2 (Fortsetzung)

Land	Gesellschaft (Anteil des Staates)	Schwerpunkt	Haltung gegenüber ausländischen Investoren
Nigeria	National Mining Corporation (NMC, 100 %)	alle bergbaurelevan-Tätigkeiten	ausländische Beteiligungen möglich (Zinn über deutsche Gruppe
Sambia	Zambia Consolidated Copper Mines (ZCCM, 60 %) Metal Marketing Corporation of Zambia (MMCZ, 100 %)	Kupfer Kobalt Vermarktungsorganisation	Trotz vorangegangener Verstaatlichungmaßnahmen sind ausländische Investoren erwünscht (z.B. Uran, das nur von ausländischen Gesellschaften exploriert wird)
Senegal	Compagnie Sénégalaise des Phosphates de Taiba (50 %) et Thiés (50 %)	Phosphat	Ausländische Investitionen erwünscht
Sierra Leone	National Diamond Mining Co. (60 %)	Diamanten	40 % in britischem Besitz, Bauxitbergbau zu 100 % in Schweizer Besitz, Titanerze USA-Gesellschaft
Togo	Compagnie Togolaise des Mines de Benin (100 %) Office Togolaise des Phosphats (100 %)	Phosphat Vermarktung	für ausländische Investoren offen; aber keine Ansatzpunkte
Zaire	Générale des Carriéres et des Mines du Zaire (GECAMINES, 100 %) Société Miniere de Bakwanga (MIBA, 80 %) Société Zairoise de Commercialisation (SOZACOM, 100 %)	Kupfer, Kobalt, Diamanten Vermarktungsorganisation	Trotz großen Staatseinflusses sind ausländische Investoren erwünscht (früher: Union Miniere aus Belgien)
Zimbabwe	Minerals Marketing Corporation (100 %)	Vermarktung	Die gesamte Mineralausfuhr steht unter Staatskontrolle. Der Bergbau selbst ist noch überwiegend in ausländischem Besitz (Rhodesien!) Ausländische Investitionen erwünscht

Quelle: Vereinte Nationen; aus der Zusammenstellung von C.-W. Sames, Anaconda, Berichte aus der Rohstoffwelt, München 1986, Tab. 8, S. 55-62.

C.W. Sames (1986, S. 63) stellt in seiner Studie fest:
"Diese auf lange Sicht sicherlich positiv zu bewertende
Entwicklung kann nicht über den generellen Rückzug der
Bergbaugesellschaften nach der Entkolonialisierung in ihre
Stammländer hinwegtäuschen. Gerade in den 70er Jahren hat
sich internationales Risikokapital zurückgezogen."

Zusammenfassend läßt sich festhalten, daß im Zuge der Verstaatlichungswelle in der Dritten Welt in den 60er Jahren
ein starker Einbruch der Investitionstätigkeit der internationalen Bergbaugesellschaften erfolgte, der sich zu
Beginn der 70er Jahre noch verstärkte. Erst in der zweiten
Hälfte der 70er Jahre setzte eine gewisse Erhöhung der
Investitionstätigkeit und Rückkehr des Risikokapitals in
die Entwicklungsländer ein. Besonders gravierend ist der
Einbruch und die weiterhin nur noch geringe Investitionstätigkeit in Schwarzafrika: "Schwarzafrika ist das beste
Beispiel - bis heute -, wie ein ressourcenreicher Kontinent
allmählich kapitalmäßig ausgetrocknet ist" (vgl. Lechner
u.a., 1987, S. 2).

6.2.2 Entwicklungstendenzen im Ölsektor

Die Bestrebungen der Entwicklungsländer, die Kontrolle über
die wichtigsten Ressourcen zu übernehmen, tritt im Erdölsektor besonders deutlich hervor (vgl. Riedel und Pollak,
1985, S. 225 ff.). In den ersten sechs Jahrzehnten dieses
Jahrhunderts erfolgte die Ausbeutung der Ölvorkommen im
allgemeinen auf der Grundlage von Konzessionsverträgen
zwischen den Ölländern und den großen internationalen Ölgesellschaften, die Gebühren (Royalties) und Steuern für die
Förderung zu entrichten hatten. Dominierenden Einfluß hatten vor allem die großen amerikanischen Ölgesellschaften,
die "sieben Schwestern", die den internationalen Ölhandel
prägten. Der Einfluß der Ölförderländer war gering; so lag

noch im Jahre 1970 der geschätzte Staatsanteil an der Öl-
produktion der OPEC-Staaten bei etwa 2,5 % (vgl. Riedel und
Pollak, 1985, S. 227).

Im Zuge des Erwerbs von Mehrheitsbeteiligungen oder Ver-
staatlichungen der Ölfördergesellschaften wandelten sich
die rechtlichen und institutionellen Rahmenbedingungen zu
Beginn der 70er Jahre grundlegend (vgl. v. Pilgrim, 1975,
S. 27 ff.), und der Staatsanteil im Ölsektor erreichte im
OPEC-Raum bereits 1976 75 % (vgl. Riedel und Pollak, 1985,
S. 227). Mit der Verstaatlichung einher ging eine kräftige
Anhebung der Gebühren, Steuern und Abschöpfungen, die die
OPEC-Länder nun mit den höheren Ölpreisen durchgesetzt
haben.

Die hohen Ölpreise haben der Exploration und der Erschließung von Öllagerstätten stürmischen Auftrieb gegeben. Die
jährlichen Explorationsausgaben in der westlichen Welt
stiegen von 1972 bis 1982 von 1,5 auf 9,6 Mrd. US-$, die
Erschließungsbudgets von 9,6 auf 88,8 Mrd. US-$; erst mit
den rückläufigen Ölpreisen wurden die Explorationsausgaben
und vor allem die Erschließungsinvestitionen seit 1983
drastisch gekürzt (vgl. Behling u.a., 1985; Petroleum Economist, 1984, S. 455 sowie 1985b, S. 409).

Regional konzentrieren sich die Investitionsbudgets für
Explorations- und Entwicklungsvorhaben seit den 70er Jahren
noch stärker als bisher schon auf die "sicheren" Investi-
tionsregionen, vor allem auf die Industrieländer. Im Öl-
und Gassektor investierten die großen multinationalen Gesellschaften seit Beginn der 70er Jahre vor allem in der
Nordsee und in den Vereinigten Staaten. Die Upstream- Investitionen in den OPEC-Länder werden seit der Verstaatlichung weitgehend von den Ölexportländern selber durchgeführt.

Die großen Ölgesellschaften und Unternehmen der Industrieländer bauen ihre Produktionskapazitäten in Entwicklungsländern außerhalb des OPEC-Raums erst langsam auf (vgl.
Petroleum Economist, 1985a, S. 310 f.). Neben politischen
Unsicherheiten erweisen sich dabei die (im Vergleich zu den
Erfordernissen in den ölreichen Ländern des Mittleren
Ostens) hohen Explorationskosten als ein ernsthaftes Hemmnis für ausländische Investitionen. Gerade in Afrika südlich der Sahara blieben die Explorations- und Entwicklungs-
aktivitäten im Ölsektor bescheiden und beschränkten sich
auf wenige (vielversprechende) Projekte. Um ausländisches
Risikokapital anzuziehen, müßten daher die Entwicklungsländer Auslandsinvestoren besonders attraktive Bedingungen
einräumen (vgl. Petroleum Economist, 1982, S. 66 f.). Wie
geologische Schätzungen vermuten lassen, besitzen die Entwicklungsländer ein bedeutendes Potential an Erdöl und
-gas. Die Vorkommen in Afrika dürften in der Größenordnung
etwa denen in Lateinamerika entsprechen und größer als die
in Südostasien sein (vgl. Odell, 1980, S. 21 ff.).

Kapital- und Devisenmangel haben nach der Verstaatlichungswelle und dem Abzug des Auslandskapitals auch im Ölsektor
etliche Entwicklungsländer zu einer wieder freundlicheren
Gestaltung der Rahmenbedingungen für ausländische Investoren bewogen. Im Zuge dieser Entwicklung setzte in Westafrika, das zu den ölträchtigen Regionen zählt, ein Explo-
rations-Boom ein (vgl. Quinlan, 1985, S. 398 ff.). So begann das marxistische Angola 1978 mit der Vergabe von Konzessionen an große internationale Ölgesellschaften auf der
Grundlage von Beteiligungsabkommen und ist mittlerweile
nach Nigeria zum zweitgrößten Produzenten Afrikas südlich
der Sahara aufgerückt (vgl. Quinlan, 1982, S. 16 ff.). Die
Militärregierung in Nigeria gewährt seit Ende 1983 wieder
günstigere finanzielle Anreize für die ausländischen Ölge-

sellschaften in dem Bemühen, die 1983 bei 1,2 Mill. Barrel
pro Tag (mbd) liegende Ölförderung wieder auf die 2-Mil-
lionen-Marke zu erhöhen und verlorene Marktanteile zurück-
zugewinnnen (vgl. Quinlan, 1986, S. 83 ff.). Doch die 1986
wieder eingeführten Förderquoten im Rahmen der OPEC, die
1,3 mbd für Nigeria vorsehen, halten die Ölgesellschaften
von neuen Upstream-Investitionen ab. Gabun, das andere
OPEC-Land der Region, gehört mit einem Staatsanteil von nur
25 % im Ölsektor zu den Kartellmitgliedern mit vergleichsweise günstigen Konditionen. Doch neuen Bohrungen werden
Erfolgschancen vor allem im kostenintensiveren Offshore-Be-
reich eingeräumt, und dies dämpft die Investitionen. Kamerun und Kongo bieten ausländischen Gesellschaften mit
Royalties und Steuern in Höhe von rd. 70 % bzw. 62 % des
Preises günstigere Bedingungen als die OPEC mit etwa 85 %
im Schnitt; diese Konditionen werden jedoch angesichts der
höheren Investitionsrisiken in diesen Ländern nicht als
besonders attraktiv angesehen. Zu den kleineren Produzen-
tenländern mit unter 30 Tsd. t Tagesförderung gehören
Zaire, die Elfenbeinküste, Benin und Ghana. In Zaire konnte
mit der Erschließung des Lukami-Feldes Mitte der 80er Jahre
nahezu Selbstversorgung erreicht werden. Da Zaire nur über
eine winzige Offshore-Zone verfügt, werden kaum Chancen für
die weitere Entwicklung gesehen. In der Elfenbeinküste sind
die Ölfunde weit hinter dem zu Beginn der 80er Jahre er-
warteten Umfang zurückgeblieben, und auch in Benin und
Ghana hatten die Explorationen nur geringen Erfolg. In
Guinea Bissau, Sierra Leone und Liberia sind bislang nur
wenige Explorationen erfolgt.

Generell wurden die Investitionsaktivitäten auch in Westafrika mit dem Ölpreiseinbruch um die Mitte der 80er Jahre
wieder zurückgenommen. Eine Ausnahme bildet die Fortführung
der Erschließung von Feldern in Angola und Zaire. Bei wieder höheren Ölpreisen kann in Westafrika mit einer Wieder-

aufnahme der Explorationstätigkeit gerechnet werden (vgl.
World Bank, 1986b, S. 61), doch werden angesichts der bestehenden geologischen und politischen Risiken entsprechende Anreize bei der Ausgestaltung der Konzessionsver-
träge erforderlich sein.

6.3 Internationale Maßnahme zur Förderung des Bergbaus und des Energiesektors

6.3.1 Förderung von Investitionen durch die Weltbank-Gruppe

Zur Linderung des chronischen Kapitalmangels in den Entwicklungsländern wurden in der Nachkriegszeit im Rahmen
internationaler Organisationen verschiedene Kreditprogramme
geschaffen, die mit der sich verschärfenden Erlös- und Ver-
schuldungssituation dieser Länder in jüngster Zeit durch
eine Reihe besonderer Programme ergänzt wurden. In diesem
Abschnitt sollen vor allem Maßnahmen angesprochen werden,
die sich auf den Bergbau- und Energiesektor der Entwicklungsländer, insbesondere in Afrika südlich der Sahara,
konzentrieren.

Die Förderung der wirtschaftlichen Entwicklung der Dritten
Welt, insbesondere die Förderung produktiver internationaler Investitionsvorhaben, ist im Rahmen der internationalen
Organisationen vornehmlich Aufgabe der Weltbank-Gruppe. Die
1945 gegründete Weltbank vergibt Kredite an Regierungen in
Entwicklungsländern. Die Darlehen sind im allgemeinen nach
einer tilgungsfreien Zeit von 5 bis 10 Jahren in längstens
20 Jahren zurückzuzahlen. Die Darlehensvergabe erfolgt aus
dem gezeichneten Grundkapital der Mitgliedsländer, nicht
entnommenen Gewinnen und Refinanzierungen auf den internationalen Kapitalmärkten. Die 1960 gegründete Internationale
Entwicklungshilfeorganisation (IDA), eine Tochterorganisa-

tion der Weltbank, vergibt vor allem an die ärmeren Entwicklungsländer zinsfreie Darlehen mit bis zu 50 Jahren
Laufzeit.

Insgesamt haben Weltbank und IDA (International Development
Agency) bis Mitte 1987 kumulierte Ausleihungen in Höhe von
184 Mrd. US-$ vergeben; davon entfielen 24,5 Mrd. US-$ oder
13 % auf Afrika südlich der Sahara. Schwerpunkt der an
Schwarzafrika vergebenen Darlehen ist die Förderung der
Landwirtschaft und der ländlichen Entwicklung (siehe Tabelle 6.3). Im tertiären Sektor, dem zweiten Förderschwer-
punkt, gewährt die Weltbankgruppe Darlehen für Infrastrukturprojekte. Im Zuge steigender Ölpreise haben innerhalb
des sekundären Sektors Projekte der Energiewirtschaft an
Bedeutung gewonnen und werden seit 1977 verstärkt gefördert. Sie konzentrieren sich vor allem auf die Infrastruktur im Bereich der Stromversorgung, während der Primärener-
giebereich demgegenüber ein geringes Gewicht besitzt. Im
industriellen Sektor (im engeren Sinne) dominiert in
Schwarzafrika die Förderung des Bergbaus und hier vor allem
die Erschließung von NE-Metallen, insbesondere Kupfer- und
Eisenerz.

Im Jahre 1985 hat die Weltbank eine besondere Fazilität für
Anpassungsprogramme und grundlegende Reformen in den Ländern Afrikas südlich der Sahara eingerichtet. Im Rahmen
dieses Programms wurden bis zum Geschäftsjahr 1987/88 Beträge von 2 Mrd. US-$ bereitgestellt (vgl. World Bank,
1987b, S. 31 ff.). Die Förderschwerpunkte entsprechen den
in Tabelle 6.3 aufgeführten Verwendungszwecken, doch ist
die Kreditvergabe mit dem Erfordernis verknüpft, daß die
Empfangsländer angemessene mittelfristige wirtschaftspolitische Reformprogramme eingeleitet haben oder einleiten
werden und auf strukturelle und institutionelle Verbesse-
rungen hinwirken.

Tabelle 6.3: Kumulierte Ausleihungen der Weltbank und der
IDA in Afrika südlich der Sahara, nach Verwendungszwecken (Stand 30.6.1987)

Zweck	Weltbank (Mill. US-$)	IDA (Mill. US-$)	insgesamt (Mill. US-$)	(%)
Landwirtschaft und ländliche Entwicklung	6 998	3 829	10 827	44,3
Energiewirtschaft darunter:	1 735	1 036	2 771	11,3
Erdöl, Erdgas, Kohle	167	303	470	1,9
Elektrischer Strom	1 568	733	2 301	9,4
Industrie darunter:	666	191	857	3,5
Bergbau und sonstige Gewinnung von Boden- schätzen	534	21	555	2,3
Eisen und Stahl	20	0	20	0,1
Andere Bereiche	2 532	7 478	10 010	40,9
Insgesamt	11 931	12 534	24 465	100,0

Quelle: Weltbank, Jahresbericht 1987, Washington D.C.
1987, S. 168 f.; eigene Berechnungen.

Die 1956 gegründete IFC (International Finance Corporation), eine weitere Tochterorganisation der Weltbank, fördert - im Gegensatz zu Weltbank und IDA - die privatwirt-
schaftliche Initiative und Investitionstätigkeit in Entwicklungsländern durch Beteiligungen und Kredite. Das kumulierte Investitionskapital erreichte bis 1986 2,4 Mrd. US-$
(2 Mrd. Kredite, 0,4 Mrd. Beteiligungen). Wiederholt hat
sich IFC auch im Bergbau- und Energiesektor engagiert,
wobei allerdings ihre Investitionsmittel deutlich geringer
sind als die der Weltbank und der IDA. In Schwarzafrika hat
die IFC weitgehend durch Kredite bisher nur wenige Bergbauprojekte gefördert (vgl. IFC, 1986, S. 68 ff.):

1973/74	Niger (0,5 Mill. US-$);
1979	Kamerun (4,4 Mill. US-$)
1980 und 1982	Sambia (36,5 Mill. US-$);
1982	Senegal (10,4 Mill. US-$);
1983	Guinea (15,3 Mill. US-$);
1985	Ghana (27 Mill. US-$).

Mit 103 Mill. US-$ erreicht das Investitionskapital, das die IFC für den Bergbau in Afrika südlich der Sahara bereitgestellt hat, freilich nur ein recht geringes Ausmaß. Im neuen, 1985 vorgelegten Fünf-Jahres-Programm der IFC bilden sektoral der Energiebereich und regional Afrika südlich der Sahara die Förderschwerpunkte. Zwischen 1985 und 1989 wird die IFC den Entwicklungsländern 100 Mill. US-$ für die Ölexploration und 300 Mill. US-$ (Kredite von 240 Mill. US-$ und Beteiligungen von 60 Mill. US-$) für die Erschließung von Ölvorkommen zur Verfügung stellen (vgl. Hudgshon, 1985, S. 243 f.). Weitere 250 Mill. US-$ sind für andere Energieprojekte vorgesehen.

Zur Erschließung der energetischen und mineralischen Ressourcen in den Entwicklungsländern wären sehr viel höhere Investitionen nötig, als heute getätigt werden. Die Investitionen im Energiesektor der ölimportierenden Entwicklungsländer zum Beispiel haben sich zwar seit Beginn der 70er Jahre verzehnfacht und 1980 rd. 20 Mrd. US-$ (davon etwa 2 bis 3 Mrd. US-$ für die Exploration und Erschließung von Öl- und Gasvorkommen) erreicht (vgl. World Bank, 1981b, und Hudgshon, 1985, S. 243 f.). Diese Beträge müßten sich nach Auffassung der Weltbank in den 80er Jahren real mehr als verdoppeln. Tatsächlich aber sind die Energieinvestitionen in der Dritten Welt in den 80er Jahren deutlich zurückgegangen. Auch die Weltbank-Gruppe erreicht mit der Vergabe von Investitionsmitteln für Energieprojekte nur die Hälfte des von ihr erwünschten Umfangs (vgl. Petroleum

Economist, 1980, S. 429 f.). Wie ein 1985 durchgeführtes
Symposium über die Finanzierung von Exploration und Erschließung im Ölsektor gezeigt hat, wird die Hauptaufgabe
der Weltbank, wie bereits in der Vergangenheit, auch künf-
tig darin liegen, die Investitionsbedingungen in der Dritten Welt zu verbessern und ein verläßliches Investitionsklima zu schaffen (vgl. Hudgshon, 1985, S. 244). Allerdings
haben gerade die ölimportierenden ärmeren Entwicklungsländer in Afrika südlich der Sahara damit zu kämpfen, daß sich
internationales Kapital wenigen aussichtsreichen Projekten
in Ländern der mittleren Einkommensgruppe zuwendet, und
somit deren Perspektiven für die Entwicklung des Bergbau-
und Energiesektors ungünstig bleiben.

Zusammenfassend ist festzuhalten, daß die Weltbank-Gruppe
angesichts der Überkapazitäten bei vielen mineralischen
Rohstoffen in den letzten Jahren insbesondere mit Krediten
für Erweiterungsinvestitionen zurückhaltend war. So wurden
zum Beispiel seit 1982 keine Kredite mehr für den Eisenerz-
sektor vergeben (vgl. UNCTAD-Sekretariat, 1988, S. 9). Der
Schwerpunkt der Kredite hat sich seit den 70er Jahren immer
mehr auf den Energiesektor, einen der zentralen Probleme-
reiche der Welt, verlagert.

6.3.2 Multilaterale Zusammenarbeit im Rahmen der Lomé-Abkommen

Die Förderbereiche im Überblick

Im Bemühen, die wirtschaftliche Entwicklung und den sozialen Fortschritt in den Entwicklungsländern sowie den internationalen Handel und die Zusammenarbeit zu fördern, haben
die Länder der Europäischen Gemeinschaft seit 1975 mit
Entwicklungsländern in Afrika, im karibischen Raum und im
Pazifischen Ozean bisher drei Abkommen, die sogenannten

Lomé-Abkommen, geschlossen. Das erste Lomé-Abkommen (Lomé
I) der Jahre 1975 bis 1980 hatte einen Gesamtumfang von 3
Mrd. ECU (europäische Rechnungseinheiten). Der größte Teil
dieser Mittel wurde als Subventionen aus dem Europäischen
Entwicklungsfonds, ein kleiner Teil als vergünstigte Dar-
lehen über die Europäische Investitionsbank bereitgestellt.
In Lomé II (Laufzeit: März 1980 bis Februar 1985) wurde das
Volumen auf 5,5 Mrd. ECU und in Lomé III (Laufzeit: März
1985 bis Februar 1990) auf 8,0 Mrd. ECU aufgestockt.

Gefördert wird eine breite Palette strukturpolitischer
Maßnahmen, wobei der Gruppe der am wenigsten entwickelten
Länder besondere Vergünstigungen eingeräumt werden. Seit
Lomé II sind Mittel in Höhe von 7,3 Mill. ECU bewilligt
worden, die sich je nach Förderbereich wie folgt verteilen
(vgl. Kommission der EG, 1988, S. 359):

Produktionsförderung	53,1 %,
darunter	
Industrialisierung	26,9 %,
davon:	
Energiebereich	7,5 %
SYSMIN	3,7 %
Agrarproduktion	25,9 %
Wirtschaftsinfrastruktur, Verkehr und Fernmeldewesen	17,6 %
Soziale Entwicklung und Bildungswesen	11,3 %
Absatzförderung	1,1 %
Soforthilfe	2,1 %
Stabex-System	13,7 %
Sonstige	1,1 %
Insgesamt	100,0 %

Die Maßnahmen im Bergbau- und Energiebereich, die im Rahmen der vorliegenden Studie von besonderem Interesse sind, werden in den folgenden Abschnitten vorgestellt.

Zusammenarbeit im Bergbau: SYSMIN

Der stark verringerte Zufluß von internationalem Risikokapital und der Niedergang des Bergbaus vor allem in den schwarzafrikanischen Entwicklungsländern in den 70er Jahren gaben den Anstoß zur Verstärkung der internationalen Hilfsmaßnahmen in diesem Problembereich.

Mit dem zweiten Abkommen vom Lomé wurde daher 1980 SYSMIN, ein spezielles System für mineralische Rohstoffe, eingerichtet. Hierfür wurden in Lomé II 282 Mill. ECU und in Lomé III 415 Mill. ECU vorgesehen. Mit SYSMIN soll vor allem die Aufrechterhaltung der Förderung mineralischer Rohstoffe gesichert werden. Die Entwicklungsländer können Mittel aus diesem Fonds anfordern, wenn ihre Kapazitätsauslastung zum Beispiel aufgrund technischer Probleme oder politischer Ereignisse erheblich zurückgeht. Über die Mittelvergabe wird von Fall zu Fall entschieden, sie erfolgt nicht, wie bei Stabex, automatisch.

Noch ausgeprägter als beim Stabex-System dominiert bei SYSMIN Schwarzafrika als Empfängerregion. Insgesamt wurden im Rahmen des Programms bisher folgende Projekte gefördert:

- 1982 und 1983: Maßnahmen zur Förderung des Bauxitbergbaus in Guyana und des Zinnbergbaus in Ruanda (zusammen 95 Mill. ECU);

- 1984: Förderung kleinerer Maßnahmen (3 Mill. ECU);

- 1985: Maßnahmen zur Sanierung der Kupfer- und Kobaltindustrie in Sambia (28 Mill. ECU) sowie finanzielle Hilfen
für den handwerklichen Abbau von Zinnerz in Ruanda (2,8
Mill ECU);

- 1986: Förderung von Maßnahmen zur Sanierung der Kupfer-
und Kobaltindustrie in Zaire (41 Mill. ECU), darunter
Hilfen für die Erforschung der Bodenschätze und für technische Hilfen an den Bergbau (5,4 Mill. ECU); Maßnahmen
zur Förderung des Bergbaus in Niger (50 Mill. ECU);

- 1987: Programm zur Rehabilitierung einer Produktionsein-
heit für Eisenerz in Liberia (49,3 Mill. ECU), darunter
Hilfen für die Erforschung der Bodenschätze und für technische Hilfen an den Bergbau (0,3 Mill. ECU);

- 1987/88: Maßnahmen zur Förderun des Eisenerzsektors in
Mauretanien sowie des Bauxit- und Tonerdebereichs in
Jamaika (Betrag noch offen).

Die bislang im Rahmen von Lomé II und Lomé III geförderten
Projekte haben einen Umfang von 269,1 Mill. ECU. Sie sind
zum einen auf die Förderung des Bergbaus in den AKP-Ländern
gerichtet und berücksichtigen zum anderen Projekte, die
auch für die Länder der Europäischen Gemeinschaft von besonderem Interesse sind. So erläutert zum Beispiel die
EG-Kommission zur Modernisierung der Eisenerzindustrie in
Liberia: "Diese Industrie stellt einen wichtigen Bestand-
teil des monetären Sektors dar (16 % des BIP in den letzten
Jahren) und erbringt auch den größten Teil der Exporterlöse
in den letzten Jahren (ungefähr 62 %). In den beiden noch
in Betrieb befindlichen Bergwerken wurden jährlich insgesamt etwa 15 Mill. t Eisenerz gefördert. Nach Auffassung

der liberianischen Regierung müssen die Bergwerke unbedingt
in Betrieb bleiben, wenn ein Zusammenbruch der Wirtschaft
und der Finanzen des Landes verhindert werden soll. Mit dem
Vorhaben soll der Eisenerzabbau am Lager Bong Peak bis zum
Jahr 2006 fortgesetzt werden" (vgl. Kommission der EG,
1987a, S. 89). Und zur Förderung des Projekts in Mauretanien wird erläutert: "Die Maßnahme betrifft Eisenerz, auf
das mehr als 10 % der Ausfuhrerlöse des Landes entfallen.
Diese Ausfuhren sind fast vollständig (97 % im Jahr 1986)
für die Eisen- und Stahlindustrie der Länder der Gemeinschaft bestimmt, für die die mauretanischen Bergwerke eine
nahe und qualitativ hochwertige Lieferquelle darstellen.
Mauretanien ist nach wie vor einer der wichtigsten Eisen-
erzlieferanten der Gemeinschaft (an vierter Stelle 1985 mit
9,5 % der Gemeinschaftseinfuhren von nicht agglomeriertem
Erz)" (vgl. Kommission der EG, 1987b, S. 106).

Zusammenarbeit im Energiebereich

Ebenfalls neu aufgenommen wurden mit Lomé II Maßnahmen zur
Förderung von Bemühungen um energiewirtschaftliche Eigen-
ständigkeit durch Nutzung der eigenen Ressourcen in den
AKP-Staaten. Mit einem Gesamtvolumen von bisher 545,3 Mill.
ECU - das entspricht 7,5 % der bisher im Rahmen von Lomé I
und Lomé II ergangenen Finanzierungsbeschlüsse - ist der
Umfang der zur Förderung des Energiesektors vergebenen
Mittel doppelt so hoch wie im Bergbausektor (vgl. Kommission der EG, 1988, S. 359). Ein Großteil der Mittel ist auf
die Förderung der Stromversorgung in den AKP-Ländern, insbesondere in den ländlichen Gebieten, gerichtet.

Innerhalb des Bergbau- und Energiebereichs konzentrieren
sich also die Maßnahmen der Lomé-Abkommen, ähnlich wie die
der Weltbank-Gruppe, auf dringliche Projekte im Energiebe-

reich. Innerhalb des Bergbausektors sind in jüngster Zeit
vor allem Maßnahmen zur Rehabilitierung und Rationalisie-
rung gefördert worden.

6.4 Zusammenfassung

Investitionen im Bergbausektor unterliegen hohen Risiken.
Von Bedeutung sind hier vor allem das hohe geologische,
wirtschaftliche und politische Risiko. Der internationale
Bergbau mit seinen großen Risiken erfordert die Aufbringung
hoher Kapitalbeträge und war seit seiner Entfaltung um die
Mitte des letzten Jahrhunderts eine Domäne der Privatwirt-
schaft. In den Entwicklungsländern kam es hier nach dem
Zweiten Weltkrieg mit der Entkolonialisierung und der Übernahme der Souveränität, insbesondere im Rohstoffbereich, zu
einem einschneidenden Wandel. Diese Entwicklung wurde von
einer Welle von Verstaatlichungen begleitet, die bis Mitte
der 70er Jahre anhielt.

Die Nationalisierungs- und Verstaatlichungswelle im Rohstoffsektor der Dritten Welt hat zu einer nachhaltigen
Verschiebung der Investitionsschwerpunkte der internationalen Bergbaugesellschaften geführt. Sie reduzierten ihre
Kapitalengagements in Entwicklungsländern und stoppten die
Investitionstätigkeit in Ländern mit großen politischen
Unsicherheiten. Besonders betroffen davon war Afrika südlich der Sahara. Auch wenn im Laufe der 70er Jahre mit dem
wieder etwas besseren Investitionsklima in der Dritten Welt
eine gewisse Umkehr dieser Entwicklung eintrat, so leidet
der Bergbausektor in Schwarzafrika, abgesehen von einigen
Ausnahmen im Rohölbereich, nach wie vor an einem akuten
Mangel an Risikokapital.

Die Investitionen der Weltbankgruppe und die multilaterale
Zusammenarbeit im Rahmen der Lomé-Abkommen sind sicher

wichtige Beispiele für Maßnahmen, die versuchen, dem Kapitalmangel im Bergbausektor der Dritten Welt zu begegnen. Die im Rahmen dieser Programme bereitgestellten Mittel konzentrieren sich vor allem auf die Förderung des Energiesektors und der Energieversorgung, einen zentralen Problembereich vor allem der energieimportierenden Entwicklungsländer Schwarzafrikas. Im Vergleich zu den Kapitalbeträgen jedoch, die Investitionen im Bergbau- und Energiesektor heute erfordern, sind die im Rahmen dieser Programme aufgebrachten Mittel nur ein "Tropfen auf den heißen Stein".

7. Entwicklungspolitische Konsequenzen

Es liegt auf der Hand, daß Volkswirtschaften, die sehr
stark vom Export mineralischer Rohstoffe abhängen, vom
Verfall der betreffenden Weltmarktpreise besonders hart
getroffen wurden. Aber mit dieser wirtschaftlichen Ursache,
die sich dem Einfluß der einzelnen Länder entzieht, kann
die Krise der schwarzafrikanischen Bergbau- und Ölländer
nicht in ihrem vollem Ausmaß erklärt werden.

Mit im Spiel waren auch wirtschaftspolitische Gründe, die
zwar die Krise nicht auslösten, aber doch erheblich verschärften. Dabei ist nicht nur an die beträchtliche Fehlallokation (Verschwendung) von Ressourcen zu denken; von
Bedeutung ist unter anderem auch die wirtschaftspolitisch
bedingte Diskriminierung von exportorientierten Wirtschaftsbereichen außerhalb des Bergbaus und die umfassende
Verstaatlichung multinationaler Bergbau- und Ölgesellschaften in den 60er und 70er Jahren, die daraufhin ihre Aktivitäten (Prospektierung und Erschließung von Rohstofflager-
stätten) von Schwarzafrika in andere, politisch "sichere"
Regionen verlagerten.

Die schwere wirtschaftliche Krise, in der sich die an
mineralischen Rohstoffen reichen Länder Afrikas südlich der
Sahara befinden, ist also nicht nur der "schicksalhaften"
Entwicklung der Weltrohstoffmärkte anzulasten, sondern auch
der jeweiligen nationalen Wirtschaftspolitik. Aus der vorliegenden Studie, die sich eingangs mit dem Problem der
Weltmarktabhängigkeit und anschließend mit einigen wichtigen wirtschaftspolitischen Aspekten befaßt, können die im
folgenden dargestellten entwicklungspolitischen Konsequenzen gezogen werden.

7.1 Weltmarktabhängigkeit

Die Analyse der Angebots- und Nachfrageeinflüsse auf die
Weltmärkte für mineralische Rohstoffe zeigt, daß zahlreiche
weitgehend gleichgerichtete Baissefaktoren zusammenwirken.
Die auf diesen Märkten auftretenden Probleme lassen sich
durch Maßnahmen, wie sie in der Diskussion um eine Neue
Weltwirtschaftsordnung aufgegriffen worden sind, langfristig nicht lösen. Da die künftige Entwicklung (Zyklen wie
Trend) nicht einmal annähernd zuverlässig vorhergesehen
werden kann, scheitern internationale Rohstoffabkommen
immer wieder an der Schwierigkeit, den Mittelpreis und das
Preisband für mineralische Rohstoffe auf der "richtigen"
Höhe festzulegen. Sie setzen sich folglich immer der Gefahr
aus, dem Markt "falsche" Impulse zu geben, die zu einer
umfangreichen Fehlleitung von Ressourcen führen. Maßnahmen,
wie zum Beispiel die Erlösstabilisierung im Rahmen des
Lomé-Abkommens, verstoßen zudem wegen ihres nur regionalen
Geltungsbereichs gegen den Geist der Handelsordnung des
GATT. Weder internationale Rohstoffabkommen noch die vorgeschlagenen Maßnahmen zur Stabilisierung der Exporterlöse
können an den längerfristig wirkenden Baissefaktoren etwas
ändern und daher allenfalls kurzfristig auftretende Krisen
und Einnahmeausfälle überbrücken oder abmildern.

7.2 Unzureichende Diversifizierung und Verschwendung von
    Ressourcen

In den an mineralischen Rohstoffen reichen Ländern Afrikas
südlich der Sahara besitzt der Bergbau (einschließlich der
Rohölförderung) im Rahmen der Volkswirtschaft ein extrem
großes Gewicht. Dies äußert sich in den sehr hohen (unmittelbaren und mittelbaren) Beiträgen dieses Sektors zum
Volkseinkommen, den Exporterlösen und den öffentlichen
Einnahmen. Die zyklischen Schwankungen der Rohstoffpreise

und die damit verbundenen zyklischen Schwankungen der Erlöse aus dem Rohstoffexport und der im Bergbau erzielten
Einkommen haben somit für die Bergbauländer in Afrika südlich der Sahara ein extrem hohes Maß an gesamtwirtschaftlicher Instabilität zur Folge.

Die Entwicklung der Rohstoffpreise ist für die einzelnen
Bergbauländer (einschließlich Erdölländer) weitestgehend
ein Datum, auf das sie entweder überhaupt keinen oder nur
einen minimalen Einfluß ausüben können. Somit verbleibt
einem Bergbauland im wesentlichen nur die Möglichkeit, mit
wirtschaftspolitischen Mitteln auf Preiszyklen zu reagieren.

Grundsätzlich stellt eine stärkere Diversifizierung der
Exportstruktur ein geeignetes Mittel dar, um die Abhängigkeit von der Ausfuhr mineralischer Rohstoffe zu lockern und
die Exporterlöse zu stabilisieren. Aber ein hoher Diversifizierungsgrad läßt sich nur auf sehr lange Sicht erreichen. Das gilt insbesondere für solche Bergbauländer, deren
Exportstruktur in einem so extrem hohen Maße von der Ausfuhr mineralischer Rohstoffe dominiert wird, wie das bei
den meisten Bergbauländern in Afrika südlich der Sahara zu
beobachten ist. Zudem hat sich gezeigt, daß in Schwarzafrika, verglichen mit anderen Entwicklungsregionen, der Indu-
strialisierungsprozeß besonders langsam voranschreitet. Auf
kurze und mittlere Sicht bietet sich somit der Wirtschaftspolitik nur die Chance, die von zyklischen Preisschwankungen ausgehenden, destabilisierenden Wirkungen auf die Binnenwirtschaft einzudämmen.

Wichtig in diesem Zusammenhang ist die Unterscheidung zwischen zyklischen (kurz- oder mittelfristigen) und langfristigen Preisveränderungen, eine Unterscheidung, die freilich in der Theorie viel einfacher als in der Praxis zu

treffen ist. Falls beispielsweise der Weltmarktpreis für
Rohstoffe dauerhaft (langfristig) ansteigt, verschiebt sich
im Rohstoffland die reale Austauschrelation zum Nachteil
der Exportgüter (ohne Rohstoffe), und als Folge davon verändert sich auch die Wirtschafts- und im besonderen die
Exportstruktur. Diese Entwicklung stellt einen langfristigen Anpassungsprozeß dar, bei dem sich die wirtschaftlichen
Strukturen an veränderte Rahmenbedingungen (höhere Rohstoffpreise) anpassen und dem langfristigen Optimum zustre-
ben. Bei einem zyklischen (kurzfristigen) Preisanstieg
werden die gleichen Anpassungsprozesse in Gang gebracht,
aber - darin besteht der wesentliche Unterschied zu einem
langfristigen Preisanstieg - sie erweisen sich in der folgenden Baissephase als nicht adäquat bzw. als suboptimal
und haben somit zwangsläufig eine Fehlallokation von Ressourcen zur Folge.

Einen nicht unwesentlichen Beitrag zur gesamtwirtschaftlichen Stabilisierung können (bei zyklischen Preisschwankungen) die Exportländer mineralischer Rohstoffe mit haus-
halts- und währungspolitischen Maßnahmen leisten:

- Haussephase. Die öffentliche Hand reagierte auf die steigenden Einnahmen mit einer entsprechenden, teilweise
  sogar überproportionalen Ausweitung der Ausgaben (unter
  anderem für große Infrastrukturprojekte) und setzte dadurch einen inflationären Prozeß in Gang. Ganz offensichtlich war das Verhalten der öffentlichen Hand von der
  Vorstellung geleitet, daß das hohe Niveau der Weltmarktpreise für mineralische Rohstoffe bestehen bleibt oder
  gar noch ansteigt. Um die Binnenkonjunktur zu dämpfen,
  sollten in der Haussephase Budgetüberschüsse gebildet
  werden. Auf diese Weise könnten auch Leistungsbilanzüber-
  schüsse erwirtschaftet und größere Devisenreserven für
  die spätere Baissephase angesammelt werden.

Der Einfluß, den der Staat auf die Entwicklung der gesamtwirtschaftlichen Nachfrage nehmen kann, ist in den an
mineralischen Rohstoffen reichen Ländern Afrikas südlich
der Sahara besonders groß. Dies hängt damit zusammen, daß
der Bergbausektor zum einen innerhalb der Gesamtwirt-
schaft ein sehr großes Gewicht hat und sich zum anderen
überwiegend im Eigentum des Staates befindet, dem folglich auch ein sehr großer Teil der dort erzielten Einkommen zufließt.

- Baissephase. Beim Eintritt in diese Phase entstand bisher
  folgende Situation: beträchtliche Budgetdefizite, hohe
  Inflationsraten und extrem stark überbewertete Währungen,
  da nicht oder nicht angemessen abgewertet wurde (Devisen-
  bewirtschaftung). Die wirtschaftspolitische Antwort auf
  eine derartige Situation kann nur lauten, den staatlichen
  Haushalt auszugleichen oder das Defizit in Grenzen zu
  halten und die Währung den Marktverhältnissen entsprechend abzuwerten.

Eine Wirtschaftspolitik der beschriebenen Art hätte, gegenüber ihrer früheren Form, folgende Vorzüge:

- Diversifizierung der Exportstruktur. Während der Hausse-
  und insbesondere der Baissephase haben sich die relativen
  Preise ganz erheblich zum Nachteil von Exportbereichen
  (außerhalb des Bergbau- und Erdölsektors) verschoben, und
  dies hat eine Diversifizierung der Exportstruktur erschwert, teilweise sogar zu einer Entdiversifizierung
  geführt. Mit einer restriktiven Haushaltspolitik (Über-
  schüsse in der Haussephase und allenfalls begrenzte Defizite in der Baissephase) sowie mit marktkonformen Wech-
  selkursen ließe sich eine derartige, extreme Verzerrung
  der relativen Preise vermeiden und damit ein ernsthaftes

Hemmnis für eine langfristige Diversifizierung der Exportstruktur beseitigen.

- Verschwendung. Ein wesentlicher Grund für die Fehlallokation von Mitteln bestand darin, daß die öffentlichen
  Investitionen in der Haussephase zu hoch und in der Baissephase zu niedrig waren. So wurden aufgrund rasch steigender öffentlicher Einnahmen in der Haussephase auch
  noch Investitionsprojekte mit relativ niedriger Ertragsrate (umfangreiche Infrastrukturprojekte) realisiert,
  während in der Baissephase auf Investitionsprojekte mit
  relativ hoher Ertragsrate verzichtet werden mußte. Daneben hat auch das extrem verzerrte Preisgefüge - das gilt
  insbesondere für die Baissephase - zu einer beträchtlichen Fehlallokation von Ressourcen beigetragen. Eine
  restriktive Haushaltspolitik, insbesondere eine nur maß-
  volle Anhebung der öffentlichen Investitionen in der
  Haussephase, und eine marktorientierte Wechselkurspolitik
  würden einerseits zu einer ausgewogeneren zeitlichen
  Verteilung der öffentlichen Investitionen führen und
  andererseits auch ein marktkonformeres Preisgefüge ge-
  währleisten. Beides trüge dazu bei, daß die verfügbaren
  Ressourcen effizienter eingesetzt würden.

Einer adäquaten, auf Stabilisierung gerichteten Wirtschaftspolitik der Bergbau- und Erdölländer stellen sich
natürlich erhebliche Schwierigkeiten in den Weg. So fordern
einflußreiche Interessengruppen in der Haussephase höhere
Löhne und vermehrte öffentliche Leistungen und protestieren
in der Baissephase gegen notwendige Kürzungen. Ein besonders ernsthaftes Problem erwächst jedoch aus der Unsicherheit über die künftige Entwicklung auf den internationalen
Märkten für mineralische Rohstoffe, über Dauer und Intensität der Zyklen sowie vor allem über die Frage, inwieweit
Veränderungen auf diesen Märkten als zyklische Schwankungen

oder Trendbrüche zu interpretieren sind (vgl. Chu, 1988, S. 29).

Prognosen sind immer mit mehr oder weniger großer Unsicher- heit behaftet, aber bei Rohstoffprognosen ist, wie die geringe Treffsicherheit zurückliegender Vorhersagen belegt, das Maß an Unsicherheit besonders groß. Zudem dürfte es in den letzten Jahrzehnten beträchtlich zugenommen haben; so weist Morrison (1988, S. 31) darauf hin, daß in jüngerer Zeit durch neuartige Entwicklungen, wie beispielsweise Substitutionsprozesse und Recycling, die in ihrer Tragweite nur schwer abschätzbar sind, die Analyse internationaler Rohstoffmärkte erheblich schwieriger geworden ist.

7.3 Weiterverarbeitung mineralischer Rohstoffe

Die Weiterverarbeitung mineralischer Rohstoffe im jeweili- gen Förderland ist unter anderem damit begründet worden, daß sie zusätzliche Wertschöpfung größeren Ausmaßes schaffe und zu einer stärkeren Stabilisierung der Exporterlöse beitrage. Das zweite Argument ist generell sehr fraglich, und das erste trifft (unter den für Afrika südlich der Sahara relevanten mineralischen Rohstoffen) allenfalls auf Bauxit und Eisenerz, nicht dagegen auf Kupfererz und Rohöl zu.

Die Nähe zum Rohstoff stellt, für sich betrachtet, eine günstige Standortbedingung für die Weiterverarbeitung dar. Aber dieser partielle Vorzug, der zudem abnimmt, je weiter sich die Verarbeitungsstufe vom Rohstoff entfernt, bietet keine Gewähr dafür, daß die Weiterverarbeitung im Förder- land per saldo, d.h. unter Berücksichtigung sämtlicher Standortfaktoren, vorteilhaft ist. So bildet beispielsweise für die Verhüttung von Bauxit nicht die Nähe zum Rohstoff, sondern die Verfügbarkeit kostengünstiger Energie den entscheidenden Standortfaktor. Es läßt sich also keineswegs generell sagen, daß es für Bergbau- und Erdölländer vorteilhaft sei, die geförderten Rohstoffe in großem Umfang im Inland weiter zu verarbeiten. Ganz offensichtlich haben die Befürworter einer rohstofforientierten Industrialisierungsstrategie das Potential ganz erheblich überschätzt.

Die Bergbauländer Afrikas südlich der Sahara schöpfen, unter Berücksichtigung der gegebenen Standortbedingungen, die Möglichkeiten zur Weiterverarbeitung (von Bauxit, Kupfer- und Eisenerz) weitgehend aus. Dagegen dürfte in den Erdölländern, insbesondere in Nigeria, im Bereich der petrochemischen Industrie (chemische Grundstoffe und Stickstoffdünger) noch ein ungenutztes und (mit steigendem Inlandsverbrauch) auch wachsendes Potential vorhanden sein.

7.4 Wandel der rechtlichen und institutionellen Rahmenbedingungen

Früher war der Bergbau auch in den Entwicklungsländern eine Domäne großer, internationaler, in Industrieländern ansäßiger Gesellschaften. Sie stellten das technische Know-how und das umfangreiche Risikokapital bereit, die zur Erschließung mineralischer Rohstoffvorkommen in der Dritten Welt erforderlich waren. In den 60er und in der ersten Hälfte der 70er Jahre haben viele Entwicklungsländer, um den nationalen Einfluß auf die Wirtschaft zu stärken, den Bergbausektor weitgehend verstaatlicht oder zumindest einem strengen staatlichen Reglement unterworfen.

Dieser Schritt hatte für die Entwicklungsländer, insbesondere für Schwarzafrika, schwerwiegende Konsequenzen. Die Investitionsschwerpunkte der internationalen Bergbaugesellschaften haben sich von Ländern mit hohem politischen Risiko (Gefahr der Verstaatlichung) in "sichere" Länder ver-

schoben. Im Zuge dieser Entwicklung nahm das ausländische
Engagement insbesondere in den Bergbauländern Afrikas südlich der Sahara beträchtlich ab, und es entstand dort ein
akuter Mangel an Risikokapital.

Die Bergbauinvestitionen, die von der Weltbankgruppe und im
Rahmen der Lomé-Abkommen in Afrika südlich der Sahara
finanziert worden sind, haben den Mangel an Risikokapital
zwar etwas abmildern, aber keineswegs beheben können, zumal
der Kapitalbedarf im Bergbau stetig und rasch angestiegen
ist. Als Ausweg aus diesem Dilemma bietet sich den Bergbauländern an, das Investitionsklima für ausländische Unternehmen, das schon während der letzten Jahre spürbar günsti-
ger geworden ist, weiter zu verbessern und letztlich wieder
attraktive und verläßliche Rahmenbedingungen für Auslands-
investitionen herzustellen.

Literaturverzeichnis

Amin, S., 1971

   L'accumulation à l'échelle mondiale, Critique de la
   théorie du sous-développement, Paris 1971

Baron, St. u.a., 1977

   Internationale Rohstoffpolitik, Ziele, Mittel, Kosten,
   Kiel und Tübingen 1977

Bauer, P.T., 1984

   Reality and Rhetoric, Studies in the Economics of
   Development, London 1984

Behling, D.J. u.a., 1985

   1984 Capital Investments of the World Petroleum Industry, Chase Manhatten Bank, New York, September 1985

Bevan, D.L. u.a., 1987

   Consequences of a Commodity Boom in a Controlled Eco-
   nomy: Accumulation and Redistribution in Kenya 1975-83,
   in: World Bank Economic Review, Vol. 1 (1987), No. 3,
   S. 489-513

Brett, E.A., 1986

   State Power and Economic Inefficiency: Explaining
   Political Failure in Afrika, in:Bulletin (IDS), Vol.
   17, No. 1 (1986), S. 22-19

Brown, M. und McKern, B., 1987

   Aluminium, Copper and Steel in Developing Countries,
   OECD, Paris 1987

Bundesanstalt für Bodenforschung und Deutsches Institut für
Wirtschaftsforschung, 1973
    Aluminium, Hannover, Berlin 1973

Cowie, W.J., 1979
    Rural Underdevelopment in an Urbanized Mining Economy:
    Zambia, in: Rural Africana, H. 4/5, 1979, S. 49-63

Daniel, Ph., 1985
    Zambia: structural adjustment or downward spiral?, in:
    Bulletin (IDS), Vol. 16, No. 3 (1985), S. 52-60

Daniel, Ph., 1986
    Editorial, in: IDS Bulletin, Vol. 17, No. 4 (1986), S.
    1-9

Deutsche Shell AG, 1988
    Die Suche nach Öl und Gas, Shell Briefing Service,
    April 1988

Evans, D., 1986
    Reverse Dutsch Disease and Mineral Exporting Developing
    Economies, in IDS Bulletin, Vol. 17, No. 4 (1986), S.
    14-20

Glaubitt, K., 1983
    Stand und Perspektiven der Internationalen Rohstoff-
    politik, in: A. Woll u.a. (Hrsg.), Nationale Entwick-
    lung und internationale Zusammenarbeit, Hamburg 1983

Gocht, W., 1983
    Wirtschaftsgeologie und Rohstoffpolitik, Berlin u.a.
    1983

Harms, U. u.a., 1978
Die Investitionspolitik der NE-Bergbaugesellschaften und ihre Auswirkungen auf die Rohstoffversorgung der Bundesrepublik Deutschland, Institut zur Erforschung technologischer Entwicklungslinien, Hamburg 1978

Hewitt, A.P., 1987
Stabex and Commodity Export Compensation Schemes: Prospects for Globalization, in: World Development, Vol. 15, Nr. 5 (1987), S. 617-631

Hogendorn, J.S., 1987
Economic Development, New York 1987

Hough, G.V., 1987
Natural Gas: Steady progress is maintained, in: Petroleum Economist, 54. Jg., H. 8 (1987), S. 294-296

Hudgshon, S., 1985
Oil exploration: Problems for developing countries, in: Petroleum Economist, 52 Jg., H. 7 (1985)

IFC (International Finance Corporation), 1986
Annual Report 1986, Washington D.C. 1986

Jazayeri, A., 1986
Prices and Output in two Oil-Based Economies: The Dutch Disease in Iran and Nigeria, in: IDS Bulletin, Vol. 17, No. 4 (1986), S. 14-21

Kebschull, D. u.a., 1976
Entwicklungspolitische Ansätze im Rohstoffvorschlag der UNCTAD, Hamburg 1976

Kebschull, D. u.a., 1977a
   Das integrierte Rohstoffprogramm. Prüfung entwickungs-
   politischer Ansätze im Rohstoffvorschlag der UNCTAD,
   HWWA-Institut für Wirtschaftsforschung, Hamburg 1977

Kebschull, D. u.a., 1977b
   Die neue Weltwirtschaftsordnung, Hamburg 1977

Kirchner, Chr. und Schanze, E., 1986
   Internationales Vertragsrecht im Bergbau, in: Christian
   Pollak und Jürgen Riedel, Wirtschaftsrecht im Entwick-
   lungsprozeß der Dritten Welt, Ifo-Institut für Wirtschaftsforschung, München u.a. 1986, S. 191-217

Kommission der EG, 1987a
   Bulletin der EG, H. 11, 1987

Kommission der EG, 1987b
   Bulletin der EG, H. 6-7, 1987

Komission der EG, 1988
   XXI. Gesamtbericht über die Tätigkeit der Europäischen
   Gemeinschaften 1987, Brüssel, Luxemburg 1988

Lechner, H. u.a., 1987
   Mineralische Rohstoffe im Wandel, Essen 1987

Luth, A., 1984
   Weißblech - Sparen läßt sich an der Blechstärke und der
   Zinnauflage, in: Handelsblatt, Nr. 85 vom 2. Mai 1984

MacLeod-Smith, A. u.a., 1981
   Is the International Mining Industry Necessary to Africa?, in: ODI Review, London (1981), S. 18-45

Maizels, A., 1987
Commodities in Crisis: An Overview of the Main Issues,
in: World Development, Vol. 15, Nr. 2 (1987), S.
537-549

Malenbaum, W., 1977
World Demand for Raw Materials in 1985 und 2000, Phi-
ladelphia 1977

Meadows, D. u.a., 1972
Die Grenzen des Wachstums, Bericht an den Club of Rome
zur Lage der Menschheit, Stuttgart 1972

Metallgesellschaft, 1983
Metallstatistik 1972-1982, Frankfurt a.M. 1983

Metallgesellschaft, 1987
Metallstatistik 1976-1986, Frankfurt a.M. 1987

Mewes, H., 1986
Die Bedeutung der Verfügbarkeit mineralischer Bodenschätze für die Produktionsstrukturen in Entwicklungsländern, Hamburg 1986

Mikdashi, Z., 1978
The International Politics of Natural Resources. A keen
and impartial look at the relationships between transnational enterprises and their host government, London
1978

Müller-Ohlsen, L., 1981
Die Weltmetallwirtschaft im industriellen Entwicklungs-
prozeß, Kieler Studien, Tübingen 1981

Nankani, G., 1979
  Development Problems of Mineral-Exporting Countries, World Bank Staff Working Papers, No. 354, Washington D.C. 1979

Odell, P.R., 1980
  A personal view of "missing oil", in: Petroleum Economist, 47. Jg., H. 1 (1980)

OECD, div. Jgg.
  Indicators of Industrial Activity, div. Jgg.

OECD, 1987
  National Accounts 1973-1985, Vol. II, Paris 1987

Osterkamp, R., 1978
  Die Neuverhandlung des Lomé-Abkommens: Hintergründe und weltwirtschaftliche Beurteilung, in: Ifo-Schnelldienst 31. Jg., H. 24 (1978), S. 16-22

Petroleum Economist, 1980
  Developing Countries: World Bank's energy report, in: Petroleum Economist, 47. Jg., H. 10 (1980)

Petroleum Economist, 1982
  Third World - Financing a wider search of oil, in: Petroleum Economist, 49. Jg., H. 2 (1982)

Petroelum Economist, 1984
  Investment growth halted, in: Petroleum Economist, 51. Jg., H. 12 (1984)

Petroleum Economist, 1985a
  Doubt about state ownership, in: Petroleum Economist, 52. Jg., H. 11 (1985)

Petroleum Economist, 1985b
Decline Slows in Capital Expenditures, in: Petroleum
Economist, 52. Jg., H. 11 (1985)

Pilgrim, E. von, 1975
Zur Preispolitik der OPEC 1974/1975, in: Ifo-Schnelldienst, 28. Jg., H. 6 (1975), S. 24-32

Pilgrim, E. von, 1977
Regulierung der internationalen Rohstoffmärkte und neue
Weltwirtschaftsordnung, in: Ifo-Schnelldienst, 30. Jg.,
H. 16 (1977), S. 11-30

Pilgrim, E. von, 1985
Internationale Rohstoffabkommen bisher wenig erfolg-
reich, in: Ifo-Schnelldienst, 38. Jg., H. 15 (1985), S.
3-12

Pinto, B., 1987
Nigeria During and After the Oil Boom: A Policy compar-
ison with Indonesia, in: World Bank Economic Review,
Vol. 1 (1987), No. 3, S. 419-445

Pommerening, G. u.a., 1977
Möglichkeiten zur Weiterverarbeitung ausgewählter NE-
Metallerze in Entwicklungsländern, Institut zur Erforschung technologischer Entwicklungslinien, Hamburg
1977

Programme of Action, 1974
zitiert nach: Die UN-Rohstoffkonferenz, in: Entwicklungspolitik, Materialien, Nr. 45, Bonn, Mai 1974

Quinlan, M., 1982
Angola: Moving into the big league, in: Petroleum Economist, 49. Jg., H. 1 (1982)

Quinlan, M., 1985
Hopes fade for new producers, in: Petroleum Economist,
52. Jg., H. 11 (1985)

Quinlan, M., 1986
Going for increased volume, in: Petroleum Economist,
53. Jg., H. 3 (1986)

Radetzki, M., 1985
State Mineral Enterprises: An Investigation into Their
Impact on International Mineral Markets, 1985, zitiert
nach M. Brown und B. McKern, 1987

Radetzki M. und Zorn S., 1979
Financing Mining Projects in Developing Countries,
London 1979, zitiert nach UN Centre of Transnational
Corporations, 1985

Riedel J. und Pollak Ch., 1985
Recht und Entwicklung, Rechtliche Rahmenbedingungen
privatwirtschaftlicher Tätigkeit in Entwicklungsländern,
Ifo-Institut für Wirtschaftsforschung, München 1985

Sames, C.-W., 1986
Anaconda, Berichte aus der Rohstoffwelt, München 1986

Schanze, E. u.a., 1981
Rohstofferschließungsvorhaben in Entwicklungsländern,
Teil 2: Probleme der Vertragsgestaltung, Frankfurt a.M.
1981

Shafer, M., 1983
   Capturing the Mineral Multinationals: Advantage or
   Disadvantage?, in: International Organization, Boston/
   Mass., 37. Jg. (1983), S. 93-119

Shafer, M., 1986
   Undermined: the implications of mineral export depen-
   dence for state formation in Africa, in: Third World
   Quarterly, Juli 1986, S. 916-952

UN, 1987
   Handbook of international development statistics, Supplement 1986, New York 1987

UN Centre of Transnational Corporations, 1985
   Trends and Issues in Foreign Direct Investment and
   Related Flows - A Technical Paper, New York 1985

UNCTAD, 1974
   Dokument TD/B/C.1/166, Dezember 1974

UNCTAD, 1975
   Dokument TD/B/C.1/184, Juni 1975

UNCTAD-Sekretariat, 1988
   Review of the Current Market Situation and Outlook for
   Iron Ore, in: UNCTAD-Bulletin, Nr. 240, Februar 1988,
   S. 7-11

UN-Economic Commission for Europe, 1984
   The Evolution of Specific Consumption of Steel, New
   York 1984

UNIDO, 1974
   Nonreplenishable natural resources and industrialization strategies in developing countries, New York 1974

UNDIO, 1980
   Mineral processing in developing countries, New York
   1980

UNDIO, 1981
   Industrial Processing of Natural Resources, New York
   1981

UN-Rohstoffkonferenz, 1974
   Die UN-Rohstoffkonferenz, in: Entwicklungspolitik -
   Materialien, Nr. 45, Bonn, Mai 1974

US Department of Commerce
   Survey of Current Business, div. Jgg.

World Bank, 1981a
   Nigeria, Basic Economic Report, 1981

World Bank, 1981b
   World Development Report 1981, Washington D.C. 1981

World Bank, 1986a
   Price Prospects for Major Primary Commodities, Vol. IV:
   Metals and Minerals, Washington D.C. 1986

World Bank, 1986b
   Price Prospects for Major Primary Commodities, Vol. V:
   Energy, Washington D.C. 1986

World Bank, 1987a
   World Development Report 1987, Washington D.C. 1987

World Bank, 1987b
   Annual Report 1987, Washington D.C. 1987

AFRIKA-STUDIEN

S. Pausewang
Peasants, Land and Society
A Social History of Land Reform in
Ethiopia - 1983, IV, 237 S., DM 54,—
ISBN 3 8039 0275 4 (Nr. 110)

A. Razafimahefa
**Naturzerstörung durch Wald- und
Weidebrände in Entwicklungs-
ländern** - Ursachen, Folgen und
Gegenmaßnahmen am Beispiel von
Madagaskar- 1986, X, 196 S., DM
54,—, ISBN 3 8039 0340 8 (Nr. 111)

G. Kapp
**Agroforstliche Landnutzung in der
Sahel-Sudanzone**
Traditionelle Bewirtschaftung,
Nutzungsprobleme, Lösungsansätze
durch Projekte und Forschung
1987, XII, 397 S., DM 68,—
ISBN 3 8039 0347 5 (Nr. 112)

A.J.Halbach
Südafrika und seine Homelands
Strukturen und Probleme der
"Getrennten Entwicklung"
1988, VIII, 294 S., DM 48,—
ISBN 3-8039-0359-9 (Nr.113)

G.Kochendörfer-Lucius
**Ländlicher Wegebau-Ein Beitrag
zur Agrarentwicklung?**
Eine empirische Untersuchung aus der
Elfenbeinküste (Côte d'Ivoire)
1989, 237 S., DM 48.—
ISBN 3-8039-0376-9 (Nr.114)

J.Riedel/H.Schmitz
**Grass-Root Industrialization
in a GhanaianTown**

1989, 250 S., DM 48.—
ISBN 3-8039-0375-0 (Nr.115)

H. Helmschrott, E.v. Pilgrim;
S. Schönherr.
**Afrika südlich der Sahara -
Trotz Rohstoffreichtum in die Armut**
1990, 215 S., DM 48.—
ISBN 3-8039-0382-3 (Nr.116)

J.Riedel et al.
**Soziokulturelle Herausforderungen
für die Entwicklungspolitik**
Die Republik Niger
1990, 457 S., DM 78.-; ISBN 3 8039
0381 5 (Nr.118)

IFO-Studien zur
Entwicklungsforschung

Braun/Halbach/Helmschrott u.a.
**Direktinvestitionen in Entwick-
lungsländern-Bedeutung, Probleme
und Risiken**
1983, II, 257 S., DM 58,—
ISBN 3 8039 0262 2 (Nr. 11)

C. Pollak/ J. Riedel
**Industriekooperation mit
Schwellenländern** -Bedeutung -
Hindernisse - Förderung
1984, XII, 207 S., DM 54,—
ISBN 3 8039 0300 9 (Nr. 12)

W. Ochel
**Die Investitionsgüterindustrie der
asiatischen Schwellenländer**
Aufbau, Exporterfolge und Rückwir-
kungen auf die Bundesrepublik
Deutschland
1984, V, 118 S., DM 39,—
ISBN 3 8039 0308 4 (Nr. 13)

J. von Stockhausen
**Theorie und Politik derEntwicklungs-
hilfe** - Eine Einführung in die deutsche
bilaterale Entwicklungszusammenarbeit
1986, VIII, 324 S., DM 68,—
ISBN 3 8039 0332 1 (Nr. 14)

C. Pollak, J. Riedel (Hrsg.)
**Wirtschaftsrecht im Entwick-
lungsprozess der DrittenWelt**
1986, II, 258 S., DM 58,—
ISBN 3 8039 0336 X (NR. 15)

R. Osterkamp
Die Investitionsgüterindustrie: Ein
Wachstumsmotor für die Dritte Welt?
1986, V, 199 S., DM 54,—
ISBN 3 8039 0334 3 (Nr. 16)

H. Helmschrott
**Technologietransfer und
industrielle Forschung und
Entwicklung in der Dritten Welt**
Unter besonderer Berücksichtigung
von Indien und Südkorea
1986, VIII, 228 S., DM 58,—
ISBN 3 8039 0342 4 (Nr. 17)

A. Ferdowsi/P.J.Opitz
**Macht und Ohnmacht der Vereinten
Nationen** - Zur Rolle der Weltorganisa-
tion in Drittwelt-Konflikten
1987, 243 S., DM 58,—
ISBN 3-8039-0353-X

D.Gemählich
**Kapitalexport und Kapitalflucht
aus Entwicklungsländern**
Empirische und theoretische Analysen
vor dem Hintergrund der
Verschuldungskrise
1989, 270 S., DM 48.-
ISBN 3-8039-0370-X (Nr.19)

**Ifo-Studien zur
Entwicklungsforschung,
Sonderreihe
"Information und Dokumentation"**

A. Gälli
Neue Wachstumsmärkte in Fernost
Acht Länder auf der Schwelle zur
Wirtschaftsmacht -1983, XIV, 407 S.,
DM 100,—ISBN 3 8039 0279 7 (Nr. 2)

H. Laumer (Hrsg.)
Wachstumsmarkt Südostasien
Chancen und Risiken unterneh-
merischer Kooperation-Referate und
Diskussionsbeiträge der IFO-Tagung
vom 19.-21. Oktober 1983 in München
1984, XI, 805 S., DM 100,—
ISBN 3 8039 0292 4 (Nr. 3)

H. Laumer
**Die Direktinvestitionen derjapani-
nischen Wirtschaft in den Schwellenländern Ost- und Südostasiens**
1983, VI, 82 S., DM 28,—
ISBN 3 8039 0280 0 (Nr. 4)

A. Gälli, A. Alkazaz
Der arabische Bankensektor
Bd. 1: Entwicklung, organisatorischer
Aufbau und Zielsetzung, regionale und
internationale Bedeutung; Bd. II:
Einzelanalysen und Anhang
1986, XV, 384 S., 211 S., DM 100,—
ISBN 3 8039 0322 X (Nr. 5)

A. Gälli
**Taiwan R.O.C.
A Chinese Challenge to the World**
Trade-up to High-tech
1987, XXXII, 189 S., DM 35.—
ISBN 3 8039 0350 5 (Nr.6)

A.Gälli
Taiwan R.O.C.
Eine chinesische Herausforderung
Von der Handelsmacht zum
Technologiezentrum
1988, XXXVI, 206 S., DM 35.—
ISBN 3 8039 0358 0 (Nr.6)

A. Gälli
Taiwan R.O.C.
Un défi chinois au monde
De la puissance commerciale
au centre de technologie
1988, XXXVI, 200 S., DM 35.—
ISBN 3 8039 0362 9 (Nr.6)

D.Strack/S.Schönherr
Debt Survey
of Developing Countries
An Improved
Reporting System Approach
1989, 632 S., DM 120.—
ISBN 3 8039 0368 8 (Nr.7)

Forschungsberichte

A.J. Halbach
Economic System and Socio-
Economic Development of
Developing Countries
A Statistical Analysis of World Bank
Data
1983, V, 134 S., DM 32,—
ISBN 3 8039 0274 6 (Nr. 63)

A. Gälli
Textil- und Bekleidungsindustrie in
den arabischen Ländern
1984, 114 S., DM 29,—
ISBN 3 8039 0288 6 (Nr. 64)

C. Pollak / J. Riedel
German Firm's Strategies towards
Industrial Co-operation with
Developing Countries
1984, VIII, 170 S., DM 34,—
ISBN 3 8039 0309 2 (Nr. 65)

Georg Prinz zur Lippe-Wiessenfeld
Transkei:
Strukturprobleme eines
Agrarlandes an der Peripherie
Südafrikas
143 S., DM 28,—
ISBN 3 8039 0320 3 (Nr. 66)

E.S. Mounbaga
Finanzpolitik und Wirtschaftsent-
wicklung in der Dritten Welt
1986, 265 S., DM 34,—
ISBN 3 8039 0341 6 (Nr. 67)

J. von Stockhausen
Credit Guarantee schemes
for small farmers
1988, 71 S., DM 24.--
ISBN 3 8039 0365 3 (Nr.68)

K.Fritsche
Rückkaufgschäfte in den
Wirtschaftsbeziehungen zwischen
der Sowjetunion und den
Entwicklungsländern
1990, 118 S., DM 24.--
ISBN 3 8039 0379 3 (Nr.69)

A.J.Halbach (Hrsg.)
Südafrika:
Vom Schwellenland zur Drittwelt-
Gesellschaft?
Sozioökonomische Strukturprobleme
und Entwicklungsperspektiven
1989, 139 S. DM 24.-
ISBN 3 8039 0373 4 (Nr.70)